Serie completa de

# HORNEADOS

Publicado por Hinkler Books Pty Ltd
45-55 Fairchild Street
Heatherton Victoria 3202 Australia

Textos e Imágenes © Anthony Caroll 2010
Diseño © Hinkler Books Pty Ltd 2012

Las recetas de las páginas 7, 11, 12, 15, 16, 27 y 28 fueron proporcionadas
por Tamara Milstein: tamara@tamaraskitchen.com

Diseño de portada: Hinkler Design Studio
Linotipia: MPS Limited
Preimpresión: Graphic Print Group

Importado y publicado en México en 2014 por: / Imported and published in Mexico in 2014 by:
Advanced Marketing, S. de R.L. de C.V.
Calz. San Fco. Cuautlalpan No. 102, Bodega "D", Col. San Fco. Cuautlalpan,
Naucalpan, Edo. de México, C.P. 53569
Título Original: / Original Title:
The Complete Series Baking / Serie completa de Horneados
Traducción: / Translation: Concepción Orvañanos de Jourdain y Laura Cordera de Lascurain
Fabricado e impreso en China en abril 2014 por: /
Manufactured and printed in China on April 2014 by:
Hung Hing Offset Printing
17-19 Dai Hei Street, New Territories, Hong Kong

ISBN 978-607-618-226-0

14 13 12 11 10 9 8 7 6 5 4 3 2 1

# CONTENIDO

# PANES

Dicen que la mejor manera de vender una casa es horneando pan. Cuando la gente visita una casa llena del aroma a pan recién horneado instantáneamente cambia su percepción; en vez de ver una casa, ve un hogar. La corteza crujiente y el suave y blando interior de una rebanada suave de pan recién salido del horno es algo que simplemente no tiene comparación con una hogaza de pan comprada.

# Pan de elote campestre

1 taza de polenta (cornmeal)
1 taza de harina de trigo (simple)
2 cucharadas de azúcar
1 cucharada de polvo para hornear
1/2 cucharadita de sal
3/4 taza de leche
1/2 taza de crema ácida
2 huevos
100 g (3 1/2 oz) de mantequilla, derretida

1   Precaliente el horno a 180°C (360°F).
2   En un tazón grande mezcle todos los ingredientes secos. Mezcle por separado la leche, crema ácida, huevos y mantequilla hasta integrar por completo. Agregue a la mezcla de harina y mezcle sólo hasta integrar.
3   Vierta la mezcla en un molde cuadrado de aproximadamente 23 x 23 cm (9 x 9 in) previamente engrasado con aceite. Hornee alrededor de 30 minutos, hasta que al insertar un palillo en el pan, éste salga limpio. Corte en cuadros o rectángulos y sirva recién salido del horno.

El pan de elote es un pan deliciosamente suave que se sirve cortado en cuadros y, por lo general, se come acompañado de platillos condimentados como el chili con carne y los guisados que llevan gravy. Ha sido muy popular en América durante varios siglos, y a menudo se come en el desayuno acompañado de huevos y embutidos. Esta receta es una versión moderna que lleva crema ácida para darle más sabor.

Rinde 8 porciones • Preparación 15 minutos • Cocción 30 minutos

# Pan de Bicarbonato

500 g (1 lb) de harina de trigo (simple)
1 cucharadita de bicarbonato de sodio
1 cucharadita de sal
45 g (1 1/2 oz) de mantequilla
2 tazas de buttermilk o leche

1   Precaliente el horno a 200°C (400°F).

2   Cierna la harina, bicarbonato de sodio y sal sobre un tazón. Incorpore la mantequilla frotando con las yemas de sus dedos hasta que la mezcla parezca migas gruesas de pan. Haga una fuente en el centro de la mezcla de harina, vierta la leche o buttermilk en ella y, utilizando un cuchillo de punta redonda, mezcle hasta obtener una masa suave.

3   Extienda la masa sobre una superficie enharinada y amase ligeramente hasta suavizar. Forme un círculo de 18 cm (7 in) y coloque sobre una charola para hornear previamente engrasada con mantequilla y enharinada. Usando un cuchillo filoso marque la masa para dividirla en ocho partes iguales. Espolvoree ligeramente con harina y hornee de 35 a 40 minutos o hasta que el pan suene hueco cuando se golpee su base.

Rinde 8 porciones • Preparación 15 minutos • Cocción 40 minutos

# PAN DE CERVEZA Y ALBAHACA

2 tazas de harina enriquecida con levadura, cernida
60 g (2 oz) de azúcar
3⁄4 taza de albahaca fresca, picada
1 cucharadita de granos de pimienta negra
1 taza de cerveza a temperatura ambiente

1   Precaliente el horno a 180°C (360°F).

2   Coloque la harina, azúcar, albahaca, granos de pimienta y cerveza en un tazón y mezcle hasta obtener una masa suave.

3   Coloque la masa en un molde para pan de 10 x 20 cm (4 x 8 in) previamente engrasado con bastante mantequilla y cubierto con papel encerado. Hornee 50 minutos aproximadamente, o hasta que al insertar un palillo en el centro éste salga limpio.

4   Deje reposar el pan en el molde durante 5 minutos antes de desmoldarlo sobre una rejilla de alambre para dejarlo enfriar. Sirva caliente o frío.

Este pan sabe delicioso cuando se unta con pasta de aceituna o de jitomate deshidratado. Se puede utilizar cualquier tipo de cerveza; usted puede experimentar con cerveza clara u oscura para obtener diferentes resultados.

Rinde un pan • Preparación 15 minutos • Cocción 50 minutos

# CROISSANTS

7 u 8 tazas de harina sin blanquear para pan
1 cucharada rasa de extracto de malta
4 cucharadas de azúcar
2 cucharaditas de sal
2 cucharadas de levadura
2 cucharadas de leche evaporada
500 g (1 lb) de mantequilla sin sal, refrigerada

1   Coloque todos los ingredientes excepto la mantequilla en un tazón. Agregue 2 cucharadas de agua tibia y mezcle con ayuda de una cuchara de madera. Cuando los ingredientes empiecen a pegarse, coloque la masa sobre una superficie de trabajo generosamente enharinada y amase suavemente hasta que todos los ingredientes se hayan incorporado y la masa esté tersa y elástica (alrededor de 10 minutos). Forme un cuadro, enharine y coloque sobre una charola para hornear plana, cubra holgadamente con plástico adherente. Refrigere por lo menos durante 2 horas o durante toda la noche.

2   Cuando la masa esté bien fría, retire del refrigerador y extienda con ayuda de un rodillo para formar un rectángulo de aproximadamente 30 x 60 cm (12 x 24 in). Usando un pelador para verduras o rebanador de queso corte rebanadas de la mantequilla refrigerada y colóquelas sobre las dos terceras partes inferiores de la masa.

3   Selle la unión cuidadosamente, voltee la masa de manera que la unión quede a un lado y extiéndala suave pero firmemente con ayuda de un rodillo para formar un rectángulo grande. Doble la masa como lo hizo anteriormente, doblando la tercera parte superior hacia abajo y la tercera parte inferior hacia arriba, enharine bien y coloque sobre la charola; refrigere por lo menos durante 2 horas. Repita la operación de extender, agregar la mantequilla, doblar y extender una vez más, usando la mantequilla restante. Refrigere una vez más por lo menos durante 2 horas.

4   Cuando esté lista para formar los croissants, enharine la cubierta de su cocina. Usando un rodillo extienda la masa hasta dejar de aproximadamente 60 x 40 cm (24 x 16 in) y 3 mm (1/8 in) de grueso. Usando un cuchillo filoso corte la masa a la mitad de manera que le queden dos piezas de 60 x 20 cm (24 x 8 in) cada una.

5   Marque triángulos con una base de aproximadamente 8 cm (3 in) y altura de 20 cm (8 in) de manera que el ancho total de la masa se use y que cada triángulo quede junto al otro para no tener desperdicios. Corte los triángulos. Haga un corte pequeño en el centro de la base de cada triángulo y enrolle holgadamente los triángulos hacia arriba, empezando desde la base hacia la punta de cada triángulo. Continúe enrollando los croissants hacia arriba para darles su forma; colóquelos sobre una charola previamente engrasada con aceite, asegurándose de que la punta quede debajo del croissant.

6   Curvee suavemente las puntas para darles forma de croissants. Deje levar hasta que dupliquen su tamaño y barnice cuidadosamente con leche. Deje reposar durante 30 minutos. Precaliente el horno a 240°C (460°F) y hornee alrededor de 10 minutos, teniendo cuidado de que no se quemen. Cuando estén cocidos deje enfriar sobre una rejilla de alambre.

**Rinde 6 porciones · Preparación 8 horas · Cocción 30 minutos**

# Pan francés de aceituna en escalera

1 cucharada de levadura
4 tazas de harina para pan
2 tazas de harina integral (trigo entero)
1/4 taza de harina de trigo sarraceno
2 cucharadas de aceite de oliva
2 cucharaditas de sal de mar
1 ó 2 tazas de aceitunas negras, picadas

1   Precaliente el horno a 200°C (400°F).

2   Usando una cuchara de madera mezcle la levadura, 3 tazas de agua tibia y 2 tazas de harina para pan durante 3 minutos, hasta integrar por completo y que la mezcla tenga la consistencia de una masa espesa. Cubra con plástico adherente y deje reposar a temperatura ambiente de 2 a 3 horas.

3   Agregue todos los ingredientes restantes y mezcle hasta obtener una masa suave. Extienda sobre una superficie de trabajo enharinada y amase alrededor de 10 minutos, agregando un poco más de harina si la masa estuviera demasiado pegajosa. Vuelva a colocar la masa en un tazón previamente engrasado con aceite y deje levar una vez más durante una hora.

4   Retire la masa del tazón y divida en cuatro porciones iguales. Trabajando con una pieza a la vez, aplane la masa hasta obtener un rectángulo de aproximadamente 30 x 10 cm (12 x 4 in) y de un grosor de 12 mm (1/2 in). Usando un cuchillo filoso, haga cortes de 12 mm (1/2 in) de profundidad sobre la masa de manera que vayan de un lado de la masa hasta el otro. Cuando haya hecho cuatro cortes, jale suavemente la parte superior e inferior de la masa y estire los cortes para que parezcan los escalones de una escalera. Repita la operación con las demás piezas de masa. Pase los panes a charolas para hornear previamente engrasadas con aceite y deje levar a temperatura ambiente durante 30 minutos. Barnice con aceite de oliva y esparza un poco de sal de mar sobre la superficie.

5   Hornee de 20 a 25 minutos, hasta que los panes estén dorados y crujientes.

**Rinde 6 porciones • Preparación 4 horas • Cocción 25 minutos**

# BAGUETTES FRANCESAS

1 cucharada de levadura seca
1 cucharada de azúcar
1 cucharada de sal
5 ó 6 tazas de harina sin blanquear para pan
1 clara de huevo, batida

1   Precaliente el horno a 220°C (430°F).

2   Mezcle la levadura, azúcar, sal y 4 tazas de harina con 2 tazas de agua tibia.
    Agregue la harina restante, media taza a la vez, mezclando hasta que la masa esté
    muy suave pero aún lo suficientemente maleable para poder amasarla. Extienda la
    masa sobre una superficie de trabajo e incorpore únicamente la harina necesaria
    para evitar que se pegue; amase hasta integrar por completo y que la masa quede
    suave y satinada. Coloque en un tazón previamente engrasado con aceite y deje
    levar (alrededor de 2 horas) hasta que duplique su tamaño. Si usted tiene suficiente
    tiempo, esta masa quedará mejor si se le deja levar durante más tiempo.

3   Extienda la masa y corte en tres o cuatro partes iguales (dependiendo del tamaño
    deseado de los baguettes). Ruede la masa para darle forma oval y para dejar firme,
    estilo niño envuelto. Ruede la masa hacia adelante y hacia atrás para alargar la
    baguette.

4   Barnice la superficie con clara de huevo batida o agua y espolvoree con harina.
    Usando un cuchillo muy filoso haga marcas diagonales sobre la superficie de
    las baguettes a intervalos de 10 cm (4 in) y deje levar a temperatura ambiente
    (alrededor de 30 minutos) hasta que dupliquen su tamaño. Hornee de 20 a 30
    minutos, hasta que estén crujientes y ligeramente doradas.

Rinde 4 porciones · Preparación 3 horas · Cocción 30 minutos

# DAMPER INTEGRAL

1 taza de harina integral (trigo entero) enriquecida con levadura
1 taza de harina blanca enriquecida con levadura
1 1/4 taza de leche baja en grasa
1 cucharadita de mostaza en polvo
1 cucharada de semillas de ajonjolí

1   Precaliente el horno a 200°C (400°F).

2   Cierna ambas harinas sobre un tazón, regresando las cascarillas de trigo del cernidor al tazón. Agregue suficiente leche baja en grasa para obtener una masa pegajosa. Amase sobre una superficie de trabajo ligeramente enharinada hasta suavizar; forme una bola.

3   Coloque la masa sobre una charola para hornear ligeramente engrasada con mantequilla y presione con sus dedos hasta dejar de aproximadamente 25 mm (1 in) de grueso. Usando un cuchillo filoso, marque en rebanadas y córtelas hasta aproximadamente 12 mm (1/2 in) de profundidad.

4   Espolvoree la masa con una mezcla de mostaza en polvo y semillas de ajonjolí. Hornee durante 30 minutos o hasta que se dore y el damper suene hueco cuando se golpee su base con los dedos.

Rinde un pan • Preparación 20 minutos • Cocción 30 minutos

# PIDE

3 1/3 tazas de harina de trigo (simple)
7 g (1/4 oz) de levadura seca
Una pizca de sal
1 cucharadita de azúcar
2 cucharadas de aceite de oliva
1 huevo, ligeramente batido
1/3 taza de semillas de ajonjolí

1   Precaliente el horno a 220°C (430°F).

2   Mezcle la harina, levadura, sal y azúcar en un tazón. Haga una fuente en el centro. Agregue 1 1/2 taza de agua tibia y el aceite. Mezcle hasta obtener una masa suave. Amase sobre una superficie de trabajo ligeramente enharinada durante 10 minutos, agregando más harina si fuera necesario, hasta que esté suave, elástica y tersa. Coloque en un tazón ligeramente engrasado con aceite. Gire para cubrir con aceite. Tape. Deje reposar en un lugar tibio durante una hora o hasta que duplique su tamaño.

3   Ponche la masa. Divida en dos porciones iguales. Ruede cada porción para formar una bola. Cubra con un trozo de manta de cielo. Deje reposar en un lugar tibio de 20 a 30 minutos.

4   Aplane cada bola para hacer un círculo de 25 cm (10 in). Jale para formar un óvalo. Coloque sobre una charola para hornear ligeramente engrasada con mantequilla. Haga orificios sobre la superficie con las yemas de sus dedos, dejando una orilla de 25 mm (1 in). Barnice generosamente con huevo. Espolvoree con semillas de ajonjolí.

5   Hornee durante 15 minutos o hasta que se dore. Envuelva con la manta de cielo. Deje enfriar.

**Rinde 18 piezas • Preparación 2 horas • Cocción 15 minutos**

# PAN DE CERVEZA A LAS HIERBAS

2 tazas de harina de trigo (simple)
1 cucharadita de bicarbonato de sodio
45 g (1 1/2 oz) de queso parmesano, rallado
2 cucharadas de aceitunas negras, sin hueso y picadas
2 cucharadas de aceite de oliva
3/4 taza de cerveza
3/4 taza de mezcla de hierbas frescas, picadas,
por ejemplo perejil, albahaca, cilantro y orégano
leche (la necesaria para barnizar)

1  Precaliente el horno a 180°C (360°F).

2  Mezcle la harina, bicarbonato de sodio, queso parmesano y aceitunas en un tazón. Haga una fuente en el centro. Agregue el aceite y la cerveza necesaria para hacer una masa húmeda.

3  Usando una cuchara coloque una tercera parte de la masa en un molde para pan de 8 x 20 cm (3 x 8 in) previamente engrasado con mantequilla. Cubra con la mitad de las hierbas. Cubra con una tercera parte de la masa restante. Agregue las hierbas restantes. Cubra con la masa restante. Barnice con un poco de leche.

4  Hornee durante una hora o hasta que la base suene hueca cuando se le golpee.

Rinde 16 rebanadas · Preparación 20 minutos · Cocción 1 hora

# Chapatis

**250 g (9 oz) de harina integral (trigo entero)**
**1 cucharadita de sal**

1   Cierna la harina y la sal sobre un tazón. Haga una fuente en el centro y agregue una taza de agua, un poco a la vez, utilizando sus dedos para incorporar toda la harina que quede alrededor hasta obtener una masa tersa y flexible.

2   Amase de 5 a 10 minutos sobre una superficie de trabajo ligeramente enharinada, pase a un tazón, cubra con un trapo de cocina y deje reposar de 30 a 60 minutos.

3   Amase de 2 a 3 minutos. Divida en 6 bolas del mismo tamaño, aplane cada bola para formar un círculo de aproximadamente 12 cm (5 in) de diámetro.

4   Caliente una sartén sin engrasar hasta que esté muy caliente. Coloque un chapati a la vez sobre la superficie caliente. En cuanto aparezcan burbujas sobre la superficie del chapati, voltee el chapati por el otro lado. Presione el chapati con un trapo grueso para que se cueza uniformemente.

5   Para terminar los chapati, levante con ayuda de una pala para pescado y deténgalo cuidadosamente sobre una flama de gas sin voltearlo hasta que se esponje ligeramente. O, si lo desea, coloque los chapati debajo del asador.

6   Repita la operación con los círculos de masa restantes. Mantenga los chapatis cocidos calientes en una canasta cubierta con una servilleta.

**Rinde 15 porciones • Preparación 1 hora • Cocción 30 minutos**

# PAN DE MASA FERMENTADA CON CEBOLLAS CARAMELIZADAS ESTILO FRANCÉS

1 taza de harina integral (trigo entero)
1 taza de yogurt natural
1 cucharadita de azúcar
1 cucharadita de levadura seca instantánea
45 g (1 1/2 oz) de mantequilla
4 cebollas grandes, rebanadas
1 cucharada de levadura seca
1 cucharadita de azúcar
1 1/2 cucharaditas de sal
1 cucharadita de bicarbonato de sodio
2 ó 3 tazas más de harina integral (trigo entero)
aceite de oliva (el necesario para rociar)

1 En un tazón grande mezcle la harina integral (trigo entero), yogurt, azúcar, levadura y 1/4 taza de agua tibia. Mezcle hasta integrar por completo, reserve y deje fermentar a temperatura ambiente durante 24 horas.

2 Al día siguiente, derrita la mantequilla en una sartén grande y agregue cebollas rebanadas. Mezcle para cubrir con mantequilla y cocine sobre fuego medio hasta que las cebollas estén translúcidas. Cubra la sartén con una tapa y continúe cocinando sobre fuego bajo alrededor de 40 minutos o hasta que las cebollas se doren. Deje reposar para que se enfríen.

3 Mezcle la levadura seca, 1/4 taza de agua tibia y el azúcar y deje reposar durante 5 minutos. Integre esta mezcla con la masa fermentada y la sal, la mitad de las cebollas caramelizadas y el bicarbonato de sodio. Agregue lentamente más harina hasta que la masa forme una masa pesada.

4 Cuando la masa esté bastante tersa y flexible, deje levar durante 30 minutos a temperatura ambiente. Retire la masa del tazón y divida a la mitad. Forme un óvalo plano de aproximadamente 12 mm (1/2 in) de grueso con cada trozo de masa y, usando las yemas de sus dedos, dé textura a la masa. Disperse las cebollas restantes sobre la superficie de la masa y rocíe con un poco de aceite de oliva; deje reposar una vez más durante 30 minutos. Precaliente el horno a 200°C (400°F). Rocíe la masa con agua y hornee de 25 a 30 minutos o hasta que esté dorada y crujiente.

Rinde 6 porciones • Preparación 1 hora, más el tiempo de reposo •
Cocción 30 minutos

# Fougasse provenzal

2 tazas de harina para pan
1 cucharada grande de levadura seca instantánea
1 1/2 kg (3 lb) de harina de trigo (simple)
1 1/2 cucharada de sal
1 cucharada de levadura
8 dientes de ajo, recién picados
1/3 taza de aceite de oliva

1   Para hacer el primer paso de fermentado mezcle la harina para pan, levadura y el agua necesaria hasta obtener una mezcla semi espesa. Deje levar, tapada, en un tazón de material no reactivo hasta por 3 días (8 horas mínimo) para que desarrolle un agradable sabor maduro.

2   Para hacer la masa mezcle la masa fermentada del paso anterior con 1 kg de harina, sal, levadura, ajo y la mitad del aceite con una taza de agua tibia para hacer una masa suave. Amase sobre una superficie de trabajo enharinada hasta que la masa esté tersa y sedosa, agregando la harina restante conforme sea necesario hasta que la masa ya no esté pegajosa. Deje levar la masa a temperatura ambiente en un tazón engrasado con aceite hasta que duplique su tamaño (alrededor de 2 horas).

3   Divida la masa en 12 piezas y, usando las yemas de sus dedos o un rodillo, forme óvalos de aproximadamente 1 cm (1/3 in) de grueso. Usando un cuchillo filoso haga cortes diagonales en la masa y estire suavemente para abrir los orificios. Barnice con el aceite restante y espolvoree con un poco de sal de mar si lo desea.

4   Precaliente el horno a 100°C (210°F). Deje levar la masa durante 30 minutos a temperatura ambiente y hornee de 15 a 20 minutos, rociando con agua dos veces durante el tiempo de horneando (si lo prefiere, coloque una sartén que pueda meter al horno con agua hirviendo en la parte inferior del horno para crear vapor). Retire del horno y barnice con aceite de oliva antes de que se enfríe.

Rinde 6 porciones · Preparación 2 1/2 horas, más el tiempo de reposo · Cocción 20 minutos

# PAYS
# Y TARTAS

Un pay de carne bañado con su salsa es la mejor cura para la melancolía invernal, así como un delicioso manjar durante todo el año. Los pays condimentados mezclan una pasta crujiente y desmoronable con carne lentamente cocida y se bañan con un gravy sedoso. ¡Continúe con una tarta dulce como la de ruibarbo y manzana, frambuesa y avellanas o unas tartaletas de fruta fresca si usted desea una comida perfecta de dos tiempos!

# TARTA DE PERA E HIGO

## Pasta de avellana
2 tazas de harina de trigo (simple), cernida
45 g (1 1/2 oz) de avellanas, finamente picadas
1 cucharadita de mezcla de especias molidas
200 g (7 oz) de mantequilla, refrigerada y picada en cubos pequeños
1 yema de huevo, ligeramente batida con algunas gotas de extracto de vainilla

## Relleno de pera e higo
4 peras, sin piel, descorazonadas y partidas en cuartos
90 g (3 oz) de mantequilla
125 g (4 oz) de higos secos, picados
1/2 taza de azúcar morena
1/2 taza de miel de maíz (dorada)
1/2 cucharadita de extracto de vainilla
1/2 taza de harina de trigo (simple)
1 huevo, ligeramente batido

1   Precaliente el horno a 220°C (430°F). Para hacer la pasta coloque la harina, avellanas y mezcla de especias en un tazón y, usando las yemas de los dedos, frote la mantequilla hasta integrar y que la mezcla tenga la consistencia de migas finas de pan. Usando una espátula de metal o un cuchillo de punta redonda, agregue la yema de huevo y 3 ó 4 cucharadas de agua fría para formar una masa suave. Pase la masa a una superficie ligeramente enharinada y amase suavemente hasta suavizar. Envuelva la masa en plástico adherente y refrigere durante 30 minutos.

2   Usando un rodillo extienda la pasta sobre una superficie ligeramente enharinada y use para cubrir un molde plano y profundo para tarta de 23 cm (9 in) de diámetro ligeramente engrasado con mantequilla. Refrigere durante 15 minutos. Forre la corteza de pasta con papel encerado para hornear, llene con arroz crudo y hornee durante 10 minutos. Retire el arroz y el papel y cocine durante 10 minutos más.

3   Para hacer el relleno, corte cada cuarto de pera en cuatro rebanadas. Derrita 45 g (1 1/2 oz) de mantequilla en una sartén sobre fuego medio, agregue las peras y cocine de 4 a 5 minutos. Acomode las rebanadas de pera sobre la corteza de pasta y disperse los higos sobre ellas.

4   Coloque la mantequilla restante, azúcar, miel de maíz, 1/2 taza de agua y la vainilla en una olla y cocine sobre fuego medio hasta que el azúcar se haya disuelto. Lleve a ebullición y cuando suelte el hervor reduzca el fuego y deje hervir lentamente durante 2 minutos.

5   Retire la sartén del fuego y deje reposar durante 15 minutos para que se enfríe. Integre la harina y el huevo batiendo. Vierta la mezcla sobre las peras e higos y hornee a 180°C (360°F) de 50 a 55 minutos o hasta que el relleno esté firme.

**Rinde 8 porciones • Preparación 1 hora • Cocción 1 1/2 hora**

# Tarta de ruibarbo
# y manzana

### Pasta
1 taza de harina de trigo (simple), cernida
2 cucharaditas de azúcar glas, cernida
90 g (3 oz) de mantequilla, partida en cubos

### Relleno de ruibarbo y manzana
6 tallos de ruibarbo, picados
2 cucharadas de azúcar
30 g (1 oz) de mantequilla
3 manzanas verdes, descorazonadas, sin piel y rebanadas
125 g (4 oz) de queso crema
1/3 taza de azúcar
1 cucharadita de extracto de vainilla
1 huevo

1   Precaliente el horno a 200°C (400°F). Para hacer la pasta coloque la harina y el azúcar glas en un tazón. Integre la mantequilla frotando con las yemas de sus dedos hasta integrar y que la mezcla tenga la consistencia de migas gruesas de pan. Agregue 4 cucharaditas de agua con hielo y amase hasta formar una masa tersa. Envuelva en plástico adherente y refrigere durante 30 minutos.

2   Usando un rodillo extienda la pasta sobre una superficie de trabajo ligeramente enharinada y cubra un molde ondulado para tarta de 23 cm (9 in) con base desmontable. Forre la corteza de pasta con papel encerado para hornear y agregue arroz crudo. Hornee durante 15 minutos. Retire el arroz y el papel; cocine durante 5 minutos más.

3   Para hacer el relleno, hierva el ruibarbo hasta que esté suave. Escurra perfectamente, agregue el azúcar y deje reposar para que se enfríe. Derrita la mantequilla en una sartén y cocine las manzanas de 3 a 4 minutos. Retire las manzanas de la sartén y deje reposar hasta que se enfríen.

4   Coloque el queso crema, azúcar, extracto de vainilla y huevo en un tazón y bata hasta suavizar. Usando una cuchara pase el ruibarbo a la corteza de pasta, cubra con la mezcla de queso crema y acomode de forma atractiva las rebanadas de manzana sobre la cubierta. Reduzca la temperatura del horno a 180°C (360°F) y cocine de 40 a 45 minutos o hasta que el relleno esté firme.

Rinde 10 porciones • Preparación 45 minutos • Cocción 1 hora 15 minutos

# TARTAS DE FRAMBUESA Y AVELLANA

1 taza de harina de trigo (simple), cernida
2 cucharadas de azúcar glas
30 g (1 oz) de avellanas, molidas
75 g (2 1/2 oz) de mantequilla sin sal, picada
1 huevo, ligeramente batido

**Relleno de crema**
375 g (13 oz) de queso crema
2 cucharadas de azúcar superfina (caster)
1/4 taza de crema para batir

**Cubierta de frambuesa**
350 g (12 oz) de frambuesas
1/3 taza de mermelada (jalea) de frambuesa, caliente y colada

1   Para hacer la pasta, coloque la harina, azúcar glas y avellanas en un tazón y mezcle hasta integrar. Usando las yemas de sus dedos frote la mantequilla hasta integrar y obtener una mezcla con una consistencia similar a migas finas de pan. Agregue el huevo y mezcle hasta formar una masa suave. Envuelva en plástico adherente y refrigere durante una hora.

2   Precaliente el horno a 200°C (400°F). Amase ligeramente la pasta y extienda con ayuda de un rodillo hasta dejar de 3 mm (1/8 in) de grueso; cubra seis moldes para tarta de 75 mm (3 in) previamente engrasados con un poco de mantequilla. Cubra las cortezas de pasta con papel encerado para hornear, cubra con arroz crudo y hornee durante 10 minutos. Retire el papel y el arroz; hornee durante 15 minutos más o hasta que se doren. Deje reposar para que se enfríen.

3   Para hacer el relleno, coloque el queso crema y el azúcar en un tazón y bata hasta suavizar. Bata la crema hasta que se formen picos suaves e integre la mezcla de queso usando movimiento envolvente. Cubra y refrigere durante 20 minutos.

4   Para armar, pase cucharadas del relleno a las cortezas de pasta y aplane las superficies. Acomode las frambuesas sobre las tartas, barnícelas con la mermelada tibia y refrigere durante algunos minutos para que el glaseado se fije.

**Rinde 6 porciones • Preparación 40 minutos • Cocción 25 minutos**

# Pay de calabaza a las especias

**Pasta**
1 taza de harina de trigo (simple)
1/2 cucharadita de polvo para hornear
100 g (3 1/2 oz) de mantequilla, picada
1 1/2 cucharada de azúcar superfina (caster)
1 yema de huevo

**Relleno de calabaza a las especias**
300 g (10 1/2 oz) de calabaza de castilla, cocida y hecha puré
2 huevos, ligeramente batidos
1/2 taza de crema ácida
1/2 taza de crema para batir
1/4 taza de miel de maíz
1/2 cucharadita de nuez moscada molida
1/2 cucharadita de mezcla de especias molidas
1/2 cucharadita de canela molida

1  Precaliente el horno a 200°C (400°F).

2  Para hacer la pasta, cierna la harina y el polvo para hornear sobre un tazón. Integre la mantequilla frotando con las yemas de sus dedos hasta que la mezcla tenga una consistencia similar a migas gruesas de pan, agregue el azúcar. Haga una fuente en el centro y agregue la yema de huevo y de 1/2 a 1 cucharada de agua, mezclando hasta obtener una masa firme. Pase a una superficie de trabajo y amase ligeramente hasta suavizar. Envuelva en plástico adherente y refrigere durante 30 minutos.

3  Para hacer el relleno, coloque la calabaza, huevos, crema ácida, crema para batir, miel de maíz, nuez moscada, mezcla de especias y canela en un tazón y bata hasta suavizar e integrar por completo.

4  Extienda la pasta con ayuda de un rodillo y cubra un molde para tarta de 23 cm (9 in) con base desmontable previamente engrasado con mantequilla. Usando una cuchara coloque el relleno en la corteza de pasta. Hornee durante 20 minutos, reduzca el fuego a 160°C (320°F) y hornee de 25 a 30 minutos más o hasta que el relleno esté firme y la pasta se dore. Deje reposar en el molde durante 5 minutos antes de desmoldar. Sirva caliente, tibio o frío acompañando con crema batida.

Rinde 8 porciones • Preparación 45 minutos • Cocción 50 minutos

# Tartaletas de fruta fresca

**Pasta dulce de almendra**
1/4 taza de harina de trigo (simple)
3/4 taza de harina enriquecida con levadura
1/3 taza de fécula de maíz (maicena)
1/3 taza de almendras molidas
1/4 taza de azúcar glas
150 g (5 oz) de mantequilla
1 yema de huevo

**Relleno**
100 g (3 1/2 oz) de queso ricotta
1/4 taza de azúcar
100 g (3 1/2 oz) de crema para batir
1/4 taza de leche mezclada con 1 cucharada de arrurruz o fécula de maíz (maicena)
1/2 taza de arroz blanco de grano corto cocido o sémola
Fruta para decorar (por ejemplo: moras azules, fresas, duraznos, mangos y kiwis)
1/4 taza de jalea de manzana y grosella negra (postre para bebé)
tibia o la jalea de su elección

1   Precaliente el horno a 190°C (380°F). Para hacer la pasta mezcle las harinas, fécula de maíz, almendras y azúcar en un tazón. Integre la mantequilla frotando con las yemas de sus dedos hasta que la mezcla tenga la consistencia de migas finas de pan. Agregue el huevo y suficiente agua con hielo (aproximadamente 1/4 taza) para integrar los ingredientes. Amase sobre una superficie de trabajo enharinada hasta suavizar. Envuelva en plástico adherente. Refrigere por lo menos durante 30 minutos.

2   Extienda la pasta con ayuda de un rodillo hasta dejar de 3 mm (1/8 in) de grueso. Usando un cortador redondo y ondulado de 75 mm (3 in), corte 24 círculos. Pase suavemente la pasta a los moldes para tartaletas previamente engrasados con mantequilla. Pique por todos lados con ayuda de un tenedor. Cubra con papel aluminio o papel encerado para hornear. Cubra con arroz crudo y hornee durante 10 minutos. Retire el arroz y el papel. Hornee de 5 a 6 minutos más o hasta que se dore y deje enfriar.

3   Mezcle el queso ricotta, azúcar y crema hasta obtener una mezcla ligera y tersa. Integre la mezcla de queso ricotta y la mezcla de leche y arrurruz con el arroz o sémola en una olla. Cocine, revolviendo sobre fuego medio de 5 a 10 minutos o hasta que la mezcla empiece a espesarse. Deje enfriar. Divida la mezcla entre las cortezas de pasta. Cubra con fruta. Barnice con la jalea. Refrigere hasta el momento de servir.

**Rinde 24 porciones • Preparación 50 minutos • Cocción 25 minutos**

# Pays de fruta

### Relleno de fruta
1/4 taza de mezcla de cáscara cítrica
1/4 taza de sultanas (uvas pasas doradas)
1/4 taza de uvas pasas (uvas pasas oscuras)
1/4 taza de grosellas secas
1/4 taza de chabacanos secos, picados
1/4 taza de piña de lata sin endulzar, escurrida y hecha puré
1 manzana, finamente picada
2 cucharadas de almendras o avellanas, finamente picadas
1 cucharadita de ralladura de limón amarillo
1 cucharadita de ralladura de naranja
1 cucharada de jugo de naranja
2 cucharadas de azúcar morena
1 cucharadita de clavo de olor molido
1 cucharadita de canela molida
1 cucharadita de mezcla de especias
1 cucharada de ron

### Pasta dulce de almendra
1/4 taza de harina de trigo (simple)
3/4 tazas de harina enriquecida con levadura
1/3 taza de fécula de maíz (maicena)
1/3 taza de almendras molidas
1/4 taza de azúcar glas
150 g (5 oz) de mantequilla
1 yema de huevo

1   Para preparar el relleno, coloque todos los ingredientes en un tazón. Mezcle hasta integrar por completo. Coloque en un recipiente con cierre hermético. Refrigere por lo menos durante 5 días, volteando ocasionalmente.

2   Para hacer la pasta, mezcle las harinas, fécula de maíz, almendras y azúcar en un tazón. Integre la mantequilla frotando con las yemas de sus dedos hasta que la mezcla tenga la consistencia de migas finas de pan. Agregue la yema de huevo y suficiente agua con hielo (aproximadamente 1/4 taza) para integrar los ingredientes. Amase sobre una superficie de trabajo enharinada hasta suavizar. Envuelva en plástico adherente. Refrigere por lo menos durante 30 minutos.

3   Precaliente el horno a 180°C (360°F).

4   Extienda la pasta con ayuda de un rodillo hasta dejar de 3 mm (1/8 in) de grueso. Corte la pasta en 24 círculos con ayuda de un cortador redondo de 75 mm (3 in). Corte la pasta restante en formas decorativas o círculos para cubrir los pays.

5   Pase cuidadosamente los círculos de pasta a los moldes para tartas previamente engrasados con mantequilla. Divida el relleno entre las cortezas de pasta. Cubra con las formas decorativas de pasta. Barnice la pasta con clara de huevo. Hornee de 20 a 25 minutos o hasta que se dore.

Rinde 24 porciones · Preparación 30 minutos, más el tiempo de reposo · Cocción 25 minutos

# EMPANADAS DE CORNUALES

## Pasta
60 g (2 oz) de mantequilla, suavizada
60 g (2 oz) de manteca vegetal, suavizada
2 tazas de harina de trigo (simple), cernida

### Relleno de carne de res y verduras
250 g (9 oz) carne de res magra, finamente picada (carne de res molida)
1 cebolla pequeña, rallada
1 papa, sin piel y rallada
1/2 nabo pequeño, sin piel y rallado
1/4 taza de perejil fresco, picado
1 cucharada de salsa inglesa
pimienta negra recién molida
1 huevo, ligeramente batido, para barnizar

1   Precaliente el horno a 220°C (430°F).

2   Para hacer la pasta, coloque la mantequilla y la manteca en un tazón y mezcle hasta integrar por completo. Tape y refrigere hasta obtener una mezcla firme. Coloque la harina en un tazón. Pique la mezcla de mantequilla en trozos pequeños e intégrela con la harina, frotándola con las yemas de sus dedos hasta que la mezcla tenga una consistencia similar a migas gruesas de pan. Agregue suficiente agua fría (aproximadamente 1/3 taza) para formar una masa suave, coloque la pasta sobre una superficie de trabajo y amase ligeramente. Envuelva en plástico adherente y refrigere durante 30 minutos.

3   Para hacer el relleno, coloque la carne, cebolla, papa, nabo, perejil, salsa inglesa y pimienta negra al gusto en un tazón y mezcle hasta integrar por completo.

4   Extienda la pasta con ayuda de un rodillo sobre una superficie de trabajo ligeramente enharinada hasta dejar de 6 mm (1/4 in) de grueso y, usando un plato pequeño invertido como guía, corte seis círculos de 15 cm (6 in). Divida el relleno entre los círculos de pasta. Barnice las orillas con agua y doble los círculos de pasta a la mitad para cubrir el relleno.

5   Presione las orillas de la pasta unidas para sellar y ondule entre su dedo índice y pulgar. Coloque las empanadas sobre una charola para hornear previamente engrasada con mantequilla, barnice con huevo y hornee durante 15 minutos. Reduzca la temperatura del horno a 160°C (320°F) y hornee durante 20 minutos o hasta que estén doradas.

Rinde 6 porciones • Preparación 45 minutos • Cocción 35 minutos

# Pays individuales de carne

750 g (1 1/2 lb) de pasta quebrada preparada
375 g (13 oz) de pasta de hojaldre preparada
1 huevo, ligeramente batido, para barnizar

**Relleno de carne de res**
750 g (1 1/2 lb) de carne de res magra, finamente picada (carne de res molida)
2 tazas de consomé de res (caldo)
pimienta negra recién molida
2 cucharadas de fécula de maíz (maicena), mezclada con 1/2 taza de agua
1 cucharada de salsa inglesa
1 cucharadita de salsa de soya

1   Precaliente el horno a 220°C (430°F).

2   Para hacer el relleno; caliente una sartén sobre fuego medio, agregue la carne y cocine hasta que se dore. Escurra el jugo, agregue el consomé y pimienta negra al gusto y lleve a ebullición. Reduzca el fuego, tape y hierva lentamente durante 20 minutos. Agregue la mezcla de fécula de maíz (maicena), la salsa inglesa y la salsa de soya; cocine revolviendo hasta que la mezcla suelte el hervor y se espese. Deje enfriar.

3   Extienda la pasta quebrada con ayuda de un rodillo hasta dejar de 5 mm (1/5 in) de grueso y use para cubrir la base y los lados de ocho moldes de metal para pay pequeños previamente engrasados con mantequilla. Extienda la pasta de hojaldre con ayuda de un rodillo hasta obtener el mismo grosor y corte círculos para cubrir los pays.

4   Divida el relleno entre los moldes para pay. Barnice las orillas de la pasta quebrada con agua, cubra con los círculos de pasta de hojaldre y presione las orillas juntas para sellar. Barnice los pays con huevo batido y hornee durante 5 minutos, reduzca la temperatura del horno a 180°C (360°F) y hornee de 10 a 15 minutos más o hasta que la pasta se dore.

Rinde 8 porciones • Preparación 25 minutos • Cocción 45 minutos

# PAY DE CARNE DE RES Y CHAMPIÑONES

### Pasta de hojaldre
90 g (30 oz) de mantequilla, suavizada
90 g (30 oz) de manteca vegetal, suavizada
2 tazas de harina de trigo (simple)

### Relleno de carne de res y champiñones
1 kg (2 lb) de carne de res magra, picada en cubos de 25 mm (1 in)
1/4 taza de harina de trigo sazonada
90 g (30 oz) de mantequilla
3 cucharadas de aceite de oliva
2 cebollas, picadas

2 dientes de ajo, machacados
2 tazas de champiñones, rebanados
1/2 taza de vino tinto
1/2 taza de consomé de res (caldo)
1 hoja de laurel
1/4 taza de perejil fresco, finamente picado
1 cucharada de salsa inglesa
pimienta negra recién molida
1 huevo, ligeramente batido, para barnizar

1  Para preparar el relleno, cubra la carne con harina. Sacuda para retirar el exceso. Derrita la mantequilla y el aceite en una olla grande de base gruesa y cocine la carne en tandas durante 3 ó 4 minutos, o hasta que se dore. Retire la carne de la olla y reserve.

2  Agregue las cebollas y el ajo a la olla y cocine sobre fuego medio de 3 a 4 minutos o hasta que esté suave. Agregue los champiñones y cocine durante 2 minutos más. Mezcle el vino con el consomé (caldo), vierta en la olla y cocine durante 4 ó 5 minutos. Lleve a ebullición y cuando suelte el hervor reduzca el fuego. Vuelva a colocar la carne en la olla con la hoja de laurel, perejil, salsa inglesa y pimienta al gusto. Tape y hierva lentamente durante 1 1/2 hora o hasta que la carne esté suave. Retire la olla del fuego y deje reposar hasta que se enfríe.

3  Para preparar la pasta, mezcle la mantequilla y la manteca hasta integrar por completo. Tape y refrigere hasta que esté firme. Coloque la harina en un tazón grande. Corte la mezcla de mantequilla en trozos pequeños e integre una cuarta parte de ella con la harina frotando con las yemas de sus dedos hasta que la mezcla tenga la consistencia de migas de pan. Agregue suficiente agua fría para formar una masa firme (aproximadamente 1/2 taza).

4  Coloque la pasta sobre una superficie de trabajo y amase ligeramente. Extienda con ayuda de un rodillo para formar un rectángulo de 15 x 25 cm (6 x 10 in). Coloque otra cuarta parte de la mezcla de mantequilla sobre dos terceras partes de la pasta. Doble el tercio inferior de pasta hacia arriba y el tercio superior hacia abajo para hacer 3 capas del mismo tamaño. Gire media vuelta de manera que quede la orilla abierta frente a usted y extienda con ayuda de un rodillo para formar un rectángulo como lo hizo con anterioridad. Repita esta operación de extendido y doblado dos veces más, agregando más mezcla de mantequilla cada vez. Cubra la pasta y refrigere durante una hora.

5  Precaliente el horno a 190°C (380°F). Coloque el relleno frío en un molde para pay con capacidad de 4 tazas. Extienda la pasta con ayuda de un rodillo hasta dejar 25 mm (1 in) más grande que el molde para pay. Coloque la cubierta de pasta sobre el relleno y presione suavemente para sellar las orillas. Recorte y doble las orillas. Barnice con huevo y hornee durante 30 minutos o hasta que la pasta esté dorada y crujiente.

### Rinde 4 porciones • Preparación 1 hora 30 minutos • Cocción 2 horas

# Pays de papa, huevo y poro

500 g (1 lb) de pasta quebrada
1 huevo, ligeramente batido, para barnizar

**Relleno de poro y papa**
30 g (1 oz) de mantequilla
4 poros, rebanados
2 dientes de ajo, machacados
2 cucharaditas de curry en polvo
6 papas, cocidas hasta que estén suaves, picadas
300 g (10 1/2 oz) de espárragos, sin tallos, picados y blanqueados
4 huevos cocidos, picados
125 g (4 oz) de queso cheddar añejo, rallado
1/4 taza de perejil fresco, picado
2/3 taza de crema ácida
2 yemas de huevo, ligeramente batidas
pimienta negra recién molida
1 huevo, ligeramente batido, para barnizar
semillas de alcaravea

1   Precaliente el horno a 220°C (430°F).

2   Para hacer el relleno, derrita la mantequilla en una sartén sobre fuego bajo, agregue los poros y cocine de 3 a 4 minutos o hasta que estén suaves. Aumente el fuego a medio, agregue el ajo y el curry en polvo y cocine durante un minuto. Mezcle las papas, mezcla de poro, espárragos, huevos picados, queso, perejil, crema ácida, yemas de huevo y pimienta negra al gusto. Deje enfriar por completo.

3   Extienda la pasta quebrada con ayuda de un rodillo hasta dejar de 5 mm (1/5 in) de grueso y corte para dejar del mismo tamaño que la base y los lados de diez moldes de metal para pay previamente engrasados con mantequilla. Corte la pasta restante para hacer las cubiertas de los pays. Usando una cuchara coloque el relleno en los moldes, barnice las orillas de la pasta con huevo y cubra con las cubiertas para pay. Presione las orillas de pasta juntas para sellar. Usando un cuchillo filoso, haga un corte sobre la superficie de cada pay, barnice con huevo y hornee durante 15 minutos. Espolvoree con semillas de alcaravea. Reduzca la temperatura del horno a 180°C (360°F) y hornee durante 15 minutos o hasta que se dore.

Rinde 10 pays • Preparación 25 minutos • Cocción 40 minutos

# CRUMBLE DE MANZANA Y RUIBARBO

8 tallos de ruibarbo, cortados en trozos de 5 cm (2 in)
4 manzanas para cocer, descorazonadas, sin piel y rebanadas
1/2 taza de azúcar superfina (caster)
1/4 taza de jugo de naranja

Crumble de avellana
1/2 taza de avellanas molidas
1/2 taza de hojuelas de avena
1/3 taza de harina de trigo (simple)
1/4 taza de azúcar morena
3 cucharadas de coco deshidratado rallado
1/4 cucharadita de canela molida
90 g (3 oz) de mantequilla, picada en trozos pequeños

1   Precaliente el horno a 180°C (360°F).

2   Coloque el ruibarbo, manzanas, azúcar superfina, 1/2 taza de agua y el jugo de naranja en una olla y cocine revolviendo constantemente, sobre fuego medio, hasta que el azúcar se haya disuelto. Lleve a ebullición y cuando suelte el hervor reduzca el fuego, tape y hierva lentamente durante 10 minutos o hasta que la fruta esté suave. Usando una cuchara coloque la mezcla de fruta en un refractario con capacidad de 3 tazas.

3   Para hacer el crumble, coloque las avellanas, avena, harina, azúcar morena, coco y canela en un tazón y mezcle hasta integrar. Usando las yemas de sus dedos, frote la mantequilla hasta integrar y que la mezcla tenga una consistencia similar a migas gruesas de pan. Espolvoree el crumble sobre la mezcla de fruta y hornee de 20 a 25 minutos.

Rinde 4 porciones • Preparación 20 minutos • Cocción 35 minutos

# Pudín invertido de pera

1/4 taza de azúcar demerara
825 g (29 oz) de peras de lata en mitades, escurridas, reservando 1 taza de miel
250 g (9 oz) de mantequilla, suavizada
2 tazas de harina enriquecida con levadura
1 taza de azúcar superfina (caster)
4 huevos
1 taza de nueces picadas
1/4 taza de miel de maple

1  Precaliente el horno a 180°C (360°F).

2  Espolvoree con azúcar demerara la base de un molde para pastel redondo y profundo de 23 cm (9 in) previamente engrasado con mantequilla y forrado con papel encerado. Corte las mitades de pera a la mitad para formar cuartos y acomode invertidos sobre la base.

3  Coloque la mantequilla, harina, azúcar y huevos en un procesador de alimentos y procese hasta suavizar. Agregue las nueces. Usando una cuchara coloque cuidadosamente la masa sobre la fruta en el molde y hornee de 1 a 1 1/4 hora o hasta que la pasta se sienta cocida al probarla con un palillo.

4  Coloque la miel de maple y el jugo de pera reservado en una olla sobre fuego medio y cocine hasta que la miel se reduzca a la mitad.

5  Coloque el pudín sobre un plato de servicio y bañe con la miel. Acompañe con crema o helado.

Rinde 8 porciones • Preparación 20 minutos • Cocción 1 hora 15 minutos

# Pudín delicioso de cítricos

1 taza de azúcar superfina (caster)
125 g (4 oz) de mantequilla, suavizada
1/2 taza de harina enriquecida con levadura
1 cucharada de ralladura fina de limón amarillo
1 cucharada de ralladura fina de naranja
2 cucharadas de jugo de limón amarillo
2 cucharadas de jugo de naranja
2 huevos, separados
1 taza de leche

1   Precaliente el horno a 180°C (360°F).

2   Coloque el azúcar y la mantequilla en un tazón y bata hasta obtener una mezcla ligera y esponjosa. Agregue la harina, ralladuras y jugos de limón amarillo y de naranja.

3   Coloque las yemas de huevo y la leche en un tazón y bata hasta integrar. Incorpore la mezcla cítrica.

4   Coloque las claras de huevo en un tazón y bata hasta que se formen picos firmes; integre con la masa usando movimiento envolvente. Usando una cuchara coloque la masa en un refractario con capacidad de 4 tazas previamente engrasado con mantequilla. Coloque el refractario sobre una charola para hornear con suficiente agua hirviendo para que cubra la mitad de los lados del refractario. Hornee durante 45 minutos o hasta que esté cocido.

Rinde 6 porciones • Preparación 20 minutos • Cocción 45 minutos

# Soufflé de licor de naranja

1/2 taza de jugo de naranja
1 cucharadita de ralladura de naranja
3/4 taza de arroz de grano largo cocido
4 yemas de huevo
1 cucharada de azúcar superfina (caster), más 1/3 taza
1 cucharada de fécula de maíz (maicena)
1 1/4 taza de leche
4 cucharadas de licor de naranja
5 claras de huevo

1   Precaliente el horno a 220°C (430°F).

2   Coloque el jugo, la ralladura de naranja y el arroz en una olla y lleve a ebullición. Reduzca el fuego y deje hervir a fuego lento, revolviendo ocasionalmente, hasta que todo el líquido se haya absorbido. Reserve.

3   Bata las yemas de huevo, una cucharada de azúcar superfina y la fécula de maíz (maicena) con ayuda de un batidor globo. Caliente la leche en una olla sólo hasta que suelte el hervor. Agregue a la mezcla de yema de huevo, bata con el batidor globo y vuelva a colocar la mezcla en la olla. Mezcle sobre fuego medio hasta que la natilla hierva y se espese. Reduzca el fuego y hierva lentamente de 3 a 4 minutos, revolviendo constantemente. Retire del fuego. Agregue el licor de naranja y la mezcla de arroz. Deje enfriar ligeramente.

4   Bata las claras de huevo hasta que se formen picos firmes. Agregue más azúcar, una cucharada a la vez, batiendo hasta integrar después de cada adición. Añada un poco de clara de huevo batida a la natilla de arroz e integre las claras restantes usando movimiento envolvente. Usando una cuchara pase a un molde para soufflé. Hornee de 20 a 25 minutos hasta que el soufflé se esponje y dore. Sirva de inmediato.

Rinde 4 porciones • Preparación 30 minutos • Cocción 40 minutos

# PASTELES DE TRUFA DE CHOCOLATE CON FRAMBUESAS

1/2 taza de cocoa en polvo, cernida
125 g (4 oz) de mantequilla
1 3/4 taza de azúcar superfina (caster)
2 huevos
1 2/3 taza de harina enriquecida con levadura, cernida
400 g (14 oz) de chocolate oscuro (semi amargo), derretido
Frambuesas frescas

Crema de frambuesa
125 g (4 oz) de frambuesas, hechas puré y coladas
1/2 taza de crema para batir, batida
frambuesas frescas, para acompañar

1   Precaliente el horno a 180°C (360°F).

2   Mezcle la cocoa en polvo con una taza de agua hirviendo. Mezcle hasta que se disuelva y deje reposar hasta que se enfríe.

3   Coloque la mantequilla y el azúcar en un tazón y bata hasta obtener una mezcla ligera y esponjosa. Integre los huevos, batiendo uno a la vez, agregando un poco de harina con cada adición. Incorpore con movimiento envolvente la harina restante alternando con la mezcla de cocoa y con la mezcla de mantequilla.

4   Usando una cuchara pase la mezcla a ocho ramekins o moldes grandes para mantecadas con capacidad de 1/2 taza previamente engrasados con mantequilla. Hornee de 20 a 25 minutos o hasta que los pasteles estén cocidos, probando con un palillo. Deje enfriar durante 5 minutos, desmolde sobre rejillas de alambre para que se enfríen. Invierta los pasteles y retíreles la parte interior, dejando una corteza de 12 mm (1/2 in). Cubra la superficie y los lados de cada pastel con chocolate y coloque de nuevo sobre una rejilla de alambre, en su posición original.

5   Para hacer la crema, integre el puré de frambuesa con la crema batida usando movimiento envolvente. Usando una cuchara coloque la crema en una manga para repostería adaptada con una punta grande. Invierta cuidadosamente los pasteles y presione para rellenar la cavidad con la crema. Coloque una vez más en su posición original sobre platos individuales. Decore con frambuesas frescas.

**Rinde 8 porciones • Preparación 25 minutos • Cocción 25 minutos**

# PASTEL DE MANZANA A LAS ESPECIAS

2 manzanas, descorazonadas, sin piel y rebanadas
125 g (4 oz) de mantequilla
1 taza de azúcar demerara o sin procesar
2 huevos
1 taza de harina enriquecida con levadura
1 taza de harina integral (trigo entero)
1/2 cucharadita de bicarbonato de sodio
1 1/2 cucharadita de mezcla de especias molidas
30 g (1 oz) de nueces, picadas
60 g (2 oz) de uvas pasas (uvas pasas oscuras), picadas
3/4 taza de crema para batir, batida
azúcar glas, cernida

1   Precaliente el horno a 180°C (360°F).

2   Coloque las manzanas y 3/4 taza de agua en una olla y cocine sobre fuego medio hasta que estén suaves. Coloque en un procesador de alimentos o licuadora y procese hasta suavizar. Deje reposar hasta que se enfríen.

3   Coloque la mantequilla y el azúcar en un tazón y bata hasta obtener una mezcla ligera y esponjosa. Agregue los huevos, uno a la vez, batiendo hasta integrar después de cada adición.

4   Cierna la harina enriquecida con levadura, harina integral (trigo entero), bicarbonato de sodio y una cucharadita de la mezcla de especias sobre un tazón. Vuelva a colocar las cascarillas en el tazón. Integre la mezcla de harina y la mezcla de manzana, alternando, con la mezcla de mantequilla y agregue las nueces y las uvas pasas (uvas pasas oscuras).

5   Usando una cuchara pase la masa a un molde para pastel redondo de 23 cm (9 in) previamente engrasado con mantequilla y forrado con papel encerado y hornee durante 40 minutos o hasta que esté cocido, probando con un palillo. Deje enfriar en el molde durante 5 minutos antes de desmoldarlo sobre una rejilla de alambre para dejarlo enfriar por completo.

6   Parta el pastel horizontalmente a la mitad, unte la base inferior con crema, cubra con la otra mitad de pastel y espolvoree con la mezcla de especias restante y el azúcar glas.

**Rinde un pastel • Preparación 20 minutos • Cocción 50 minutos**

# Pastel de naranja con semillas de amapola

4 cucharadas de semillas de amapola
1/4 taza de jugo de naranja
125 g (4 oz) de yogurt natural
200 g (7 oz) de mantequilla, suavizada
1 cucharada de ralladura fina de naranja
1 taza de azúcar superfina (caster)
3 huevos
2 tazas de harina enriquecida con levadura, cernida
2 cucharadas de mermelada de naranja, tibia

1   Precaliente el horno a 180°C (360°F).

2   Coloque semillas de amapola, jugo de naranja y yogurt en un tazón; mezcle hasta integrar por completo y deje reposar durante una hora.

3   Coloque la mantequilla y la ralladura de naranja en un tazón y bata hasta obtener una mezcla ligera y esponjosa. Agregue gradualmente el azúcar, batiendo hasta integrar después de cada adición, hasta que la mezcla se acreme.

4   Agregue los huevos, uno a la vez, batiendo hasta integrar después de cada adición. Incorpore la harina y la mezcla de semillas de amapola, alternando, con la mezcla de mantequilla usando movimiento envolvente.

5   Usando una cuchara pase la masa a un molde ondulado para rosca de 20 cm (8 in) previamente engrasado con mantequilla y hornee de 35 a 40 minutos o hasta que se sienta cocido cuando se pruebe con un palillo. Deje reposar en el molde durante 5 minutos antes de desmoldarlo sobre una rejilla de alambre para dejarlo enfriar por completo. Barnice con la mermelada de naranja antes de servir.

Rinde un pastel • Preparación 1 hora 20 minutos • Cocción 40 minutos

# Pasteles de nuez y almendra

2 huevos, separados
1/2 taza de azúcar superfina (caster)
Algunas gotas de extracto de vainilla
1/2 taza de harina de trigo (simple)
1 cucharadita de polvo para hornear
1/4 taza de mezcla de nueces pecanas y almendras, picadas
2 cucharadas de azúcar glas

1   Precaliente el horno a 150°C (300°F).

2   Engrase con mantequilla 12 moldes individuales para bollos. Usando un batidor globo bata las yemas de huevo con el azúcar hasta obtener una mezcla pálida y espesa. Agregue suavemente la vainilla. Cierna la harina con el polvo para hornear sobre la mezcla de yema de huevo e integre usando movimiento envolvente.

3   En un tazón limpio bata las claras de huevo hasta que estén firmes e integre suavemente con la mezcla de yema de huevo usando movimiento envolvente. Incorpore cuidadosamente las nueces y almendras con la mezcla de la misma manera. Divida entre los moldes preparados y hornee durante 15 minutos. Cierna el azúcar glas sobre los pasteles y sirva recién salidos del horno.

Rinde 12 porciones • Preparación 20 minutos • Cocción 15 minutos

# SÁNDWICH DE PASTEL VICTORIA

4 huevos
3/4 taza de azúcar superfina (caster)
1 taza de harina enriquecida con levadura
1 cucharada de fécula de maíz (maicena)
1 1/2 cucharadita de mantequilla derretida
1 cucharada de azúcar glas, cernida

**Relleno**
1/2 taza de mermelada (jalea) de fresa
1/2 taza de crema para batir, batida

1   Precaliente el horno a 180°C (360°F).

2   Coloque los huevos en un tazón y bata hasta que estén espesos y cremosos.
    Integre gradualmente el azúcar superfina, batiendo, y continúe batiendo hasta que
    la mezcla se haya espesado. Esto tardará alrededor de 10 minutos.

3   Cierna la harina con la fécula de maíz (maicena) sobre la mezcla de huevo e integre
    usando movimiento envolvente. Agregue 1/3 taza de agua tibia y la mantequilla
    derretida y mezcle.

4   Divida la mezcla uniformemente entre dos moldes redondos para sándwich de
    pastel de 20 cm (8 in) previamente engrasados con mantequilla y forrados con
    papel encerado.

5   Hornee de 20 a 25 minutos o hasta que los pasteles se encojan ligeramente, se
    separen de los lados de los moldes y reboten cuando se les presione con las yemas
    de los dedos. Deje reposar los pasteles en los moldes durante 5 minutos antes de
    desmoldarlos sobre rejillas de alambre para que se enfríen.

6   Para armar, unte un pastel con mermelada (jalea) y cubra con crema batida y el
    pastel restante. Justo antes de servir, espolvoree el pastel con azúcar glas.

**Rinde un pastel • Preparación 30 minutos • Cocción 25 minutos**

# PASTEL DE QUESO CON NARANJA Y LIMÓN

1 taza de galletas dulces (galletas Marías), molidas
60 g (2 oz) de mantequilla, derretida

Relleno de naranja y limón
250 g (9 oz) de queso crema, suavizado
2 cucharadas de azúcar morena
1 1/2 cucharadita de ralladura fina de naranja
1 1/2 cucharadita de ralladura fina de limón amarillo
3 cucharaditas de jugo de naranja
3 cucharaditas de jugo de limón amarillo
1 huevo, ligeramente batido
1/2 taza de leche condensada
2 cucharadas de crema para batir, batida
coco deshidratado rallado (medio), tostado

1   Precaliente el horno a 180°C (360°F).

2   Coloque las galletas Marías y la mantequilla en un tazón y mezcle hasta integrar.
    Presione la mezcla de galletas sobre la base y los lados de un molde para tarta
    de 23 cm (9 in) con base desmontable, previamente engrasado con bastante
    mantequilla. Hornee de 5 a 8 minutos y deje enfriar.

3   Para hacer el relleno de naranja y limón, coloque el queso crema, azúcar, ralladuras
    y jugos de naranja y limón en un tazón y bata hasta acremar. Integre el huevo,
    batiendo. Agregue la leche condensada y mezcle. Incorpore la crema batida usando
    movimiento envolvente.

4   Usando una cuchara pase el relleno al molde preparado y hornee de 25 a 30
    minutos o hasta que esté firme. Apague el horno y deje enfriar el pastel en el horno
    con la puerta entreabierta. Refrigere antes de servir. Sirva decorado con el coco
    tostado.

Rinde 8 porciones · Preparación 30 minutos · Cocción 40 minutos

# PASTEL DE QUESO CON DULCE DE LECHE Y CHOCOLATE

### Base
150 g (5 oz) de galletas integrales
(galletas digestivas/galletas graham),
finamente molidas
60 g (2 oz) de mantequilla, derretida

### Relleno
1/4 taza de leche evaporada
400 g (14 oz) de dulce de leche de lata
1 taza de nueces pecanas, picadas
500 g (1 lb) de queso crema

1/2 taza de azúcar
2 huevos
1 cucharadita de extracto de vainilla
3/4 taza de chispas de chocolate,
derretidas

### Decoraciones
Una barra de chocolate rallada y
chiclosos picados
Crema batida

1   Precaliente el horno a 180°C (360°F).

2   Para hacer la base, mezcle las galletas molidas con la mantequilla derretida.
    Presione la mezcla uniformemente sobre un molde de 23 cm (9 in) con base
    desmontable. Hornee durante 8 minutos. Retire del horno y deje enfriar.

3   Para hacer el relleno, mezcle la leche evaporada con el dulce de leche en una
    olla de base gruesa. Cocine sobre fuego bajo hasta que se haya derretido,
    revolviendo a menudo. Vierta sobre la base de galleta. Disperse las nueces pecanas
    uniformemente sobre la capa de dulce de leche y reserve.

4   Bata el queso crema con ayuda de una batidora eléctrica a velocidad alta
    hasta obtener una mezcla ligera y esponjosa. Agregue gradualmente el azúcar,
    mezclando hasta integrar por completo. Agregue los huevos, uno a la vez, batiendo
    hasta integrar después de cada adición. Añada la vainilla y el chocolate derretido y
    bata hasta integrar por completo. Vierta sobre la capa de nueces.

5   Hornee durante 30 minutos. Retire del horno y pase un cuchillo alrededor
    de la orilla del molde para desprender los lados. Deje enfriar hasta que esté a
    temperatura ambiente. Tape y refrigere durante 8 horas.

6   Decore con la barra de chocolate picada y los chiclosos picados. Acompañe con
    crema batida.

**Rinde 12 rebanadas · Preparación 30 minutos, más el tiempo de reposo ·
Cocción 40 minutos**

# Pasteles de queso
# con fruta y bourbon

**Base**
60 g (2 oz) de galletas integrales (galletas digestivas/galletas graham),
finamente molidas
30 g (1 oz) de mantequilla, derretida
1/4 taza de azúcar

**Relleno**
1 1/2 taza de sultanas (uvas pasas doradas)
1/4 taza de whisky bourbon
500 g (1 lb) de queso crema, suavizado
1/4 taza de azúcar
1 cucharada de jugo de limón amarillo
Ralladura de 1/2 limón amarillo
2 huevos grandes

1 Precaliente el horno a 165°C (330°F).

2 Remoje las sultanas (uvas pasas doradas) en el bourbon por lo menos durante 2 horas.

3 Para hacer la base, mezcle las galletas molidas, mantequilla y azúcar. Forre cuatro moldes de 10 cm (4 in) con papel encerado para hornear y presione la mezcla uniformemente sobre las bases de los moldes. Hornee durante 5 minutos.

4 Para hacer el relleno, mezcle el queso crema, azúcar, jugo y ralladura con ayuda de una batidora eléctrica a velocidad media hasta integrar por completo. Agregue los huevos, uno a la vez, mezclando hasta integrar por completo después de cada adición. Pique toscamente una taza de las sultanas remojadas y agregue al relleno; divida uniformemente el relleno entre los moldes.

5 Hornee durante 25 minutos. Deje enfriar antes de retirarlos de los moldes y refrigere.

6 Deje reposar a temperatura ambiente por lo menos durante 40 minutos. Decore con las sultanas restantes y acompañe con crema batida si lo desea.

Rinde 4 porciones · Preparación 30 minutos, más el tiempo de reposo ·
Cocción 30 minutos

# Pastel de queso con Avellana y frambuesa

200 g (7 oz) de galletas amaretti, finamente molidas
60 g (2 oz) de mantequilla, derretida

**Relleno**
1kg (2 lb) de queso crema, suavizado
1 1/4 taza de azúcar
3 huevos grandes
1 taza de crema ácida
1 cucharadita de extracto de vainilla
170 g (6 oz) de crema de avellanas
1/3 taza de mermelada (jalea) de frambuesa

1  Precaliente el horno a 165°C (330°F).

2  Para hacer la base mezcle las galletas molidas con la mantequilla y presione sobre la base de un molde de 23 cm (9 in) con base desmontable.

3  Para hacer el relleno, mezcle tres cuartas partes del queso crema y el azúcar con ayuda de una batidora eléctrica a velocidad media hasta integrar por completo. Agregue los huevos, uno a la vez, batiendo hasta integrar después de cada adición. Integre la crema ácida y la vainilla y vierta sobre la base de galletas.

4  Mezcle el queso crema restante y la crema de avellanas con la batidora eléctrica a velocidad media hasta integrar por completo. Agregue la mermelada (jalea) de frambuesa y mezcle hasta integrar por completo.

5  Deje caer cucharadas de la mezcla de avellana sobre el relleno de queso crema. No mezcle.

6  Hornee durante 1 hora y 25 minutos. Desprenda el pastel del molde y deje enfriar antes de desmoldar. Acompañe con frambuesas frescas.

Rinde 12 rebanadas • Preparación 30 minutos • Cocción 1 hora 25 minutos

# PASTELES MINIATURA DE QUESO CON MARACUYÁ

**Base**

60 g (2 oz) de galletas integrales (galletas digestivas/galletas graham),
finamente molidas
30 g (1 oz) de mantequilla, derretida
1⁄4 taza de azúcar

**Relleno**

500 g (1 lb) de queso crema, suavizado
1⁄4 taza de pulpa de maracuyá, colada
1 cucharadita de extracto de vainilla
1⁄4 taza de azúcar
2 huevos grandes
4 maracuyás frescos

1   Precaliente el horno a 165°C (330°F).

2   Para hacer la base, mezcle las galletas molidas, mantequilla y azúcar. Forre con papel encerado para hornear cuatro moldes de 10 cm (4 in) con base desmontable y presione la mezcla uniformemente sobre la base de los moldes. Hornee durante 5 minutos.

3   Para hacer el relleno, mezcle el queso crema, pulpa de maracuyá, vainilla y azúcar con ayuda de una batidora eléctrica a velocidad media hasta integrar por completo. Agregue los huevos, uno a la vez, mezclando hasta integrar por completo después de cada adición. Divida el relleno uniformemente entre las bases.

4   Hornee durante 25 minutos. Deje enfriar antes de retirarlos del molde.

5   Decore con los maracuyás frescos y sirva.

Rinde 4 porciones • Preparación 30 minutos • Cocción 30 minutos

# PASTEL DE QUESO CON CHICLOSO

### Base
100 g (3 1/2 oz) de galletas de barquillo
sabor vainilla, finamente molidas
90 g (3 oz) de mantequilla, derretida

### Relleno
400 g (14 oz) de chiclosos de leche
1 taza de chispas de chocolate oscuro
(semi amargo)
1/2 taza de leche evaporada
3 barras de chocolate cubiertas con tofee
de 40 g (1.4 oz) cada una

1k g (2 lb) de queso crema
1 1/2 taza de azúcar
2 cucharadas de harina de trigo (simple)
4 huevos enteros
2 yemas de huevo
1/3 taza de crema batida

### Cubierta
crema batida
caramelos de chocolate

1  Precaliente el horno a 175°C (350°F).

2  Para hacer la base, mezcle las galletas molidas con la mantequilla derretida en un tazón mediano. Mezcle hasta integrar por completo. Presione sobre la base y los lados de un molde de 23 cm (9 in) con base desmontable. Hornee durante 10 minutos, retire y deje enfriar.

3  Para hacer el relleno, eleve la temperatura del horno a 200°C (400°F). En una olla sobre fuego bajo, derrita los chiclosos con las chispas de chocolate y la leche evaporada, mezcle hasta suavizar y vierta sobre la base. Rompa las barras de chocolate en trozos pequeños y coloque sobre la capa de caramelo.

4  Bata el queso crema hasta suavizar. Agregue el azúcar y 2 cucharadas de harina y bata hasta suavizar. Agregue los huevos enteros y las yemas de huevo, uno a la vez, mezclando hasta integrar por completo después de cada adición. Incorpore la crema y vierta sobre las capas de caramelo y chicloso. Envuelva la parte exterior del molde con papel aluminio.

5  Coloque sobre una sartén grande con 12 mm (1/2 in) de agua caliente. Hornee durante 15 minutos, reduzca la temperatura del horno a 110°C (230°F) y hornee durante otra hora. Retire del baño de agua, deje enfriar hasta que esté a temperatura ambiente y refrigere durante toda la noche.

6  Cubra con crema batida y los caramelos de chocolate para servir.

**Rinde 12 rebanadas • Preparación 40 minutos, más tiempo de reposo • Cocción 1 hora 30 minutos**

# GALLETAS, BARRAS Y CUADROS

Nada mejor para acompañar una taza de té o café que las galletas, barras y cuadros. También conocidas por una variedad de nombres como panecillos y biscotti entre otros, las galletas son un clásico tentempié para los niños al regresar del colegio. Las barras y los cuadros también se hornean en charolas planas pero su consistencia es semejante a la de un pastel. El delicioso sabor de las galletas de canela, los lamingtons espolvoreados con coco y el baklava turco satisfarán hasta el paladar más exigente.

# Galletas de canela

250 g (9 oz) de mantequilla suavizada
125 g (4 oz) de azúcar superfina (caster)
1 cucharadita de extracto de vainilla
3 tazas de harina de trigo (simple)
2 cucharaditas de canela molida
sal
1 1/2 taza de azúcar glas

1   Engrase con mantequilla dos charolas para hornear. Bata la mantequilla con el azúcar y el extracto de vainilla. Agregue la harina, una cucharadita de canela y una pizca de sal, mezclando hasta obtener una masa suave. Tape y refrigere durante una hora.

2   Precaliente el horno a 180°C (360°F). Forme bolas de 25 mm (1 in) con la mezcla y colóquelas sobre la charola preparada dejando suficiente espacio entre ellas. Hornee durante 15 minutos. Retire del horno, deje reposar sobre las charolas para hornear durante algunos minutos; posteriormente pase a una rejilla de alambre y deje enfriar. Mezcle el azúcar glas con la canela restante y cierna sobre las galletas antes de servir.

Rinde 24 galletas • Preparación 1 hora • Cocción 15 minutos

# MERENGUES DE NUEZ

3 claras de huevo
una pizca de sal
1 cucharadita de extracto de vainilla
3/4 taza de azúcar superfina (caster)
2 tazas de nueces pecanas, picadas

1   Precaliente el horno a 180°C (360°F).

2   Bata las claras de huevo en un tazón grande con ayuda de una batidora eléctrica hasta que se formen picos suaves.

3   Agregue la sal, vainilla y azúcar; bata durante un minuto más. Integre las nueces usando movimiento envolvente.

4   Deje caer cucharaditas de la mezcla sobre una charola para hornear previamente forrada con papel encerado para hornear.

5   Hornee de 2 a 3 minutos, apague el horno y deje las galletas en el horno durante 60 minutos.

6   Use una espátula para desprender los merengues del papel y almacene en un recipiente con cierre hermético.

Rinde aproximadamente 72 merengues • Preparación 15 minutos •
Cocción 3 minutos, más tiempo de reposo

# GALLETAS DE AVENA

125 g (4 oz) de mantequilla
1 taza de azúcar morena
2 huevos
2 plátanos maduros, machacados
3 cucharaditas de extracto de vainilla
2 1/2 tazas de harina de trigo (simple)
1 1/2 taza de hojuelas de avena
1/2 cucharadita de polvo para hornear
1/2 taza de avellanas, picadas

1   Precaliente el horno a 180°C (360°F).

2   Acreme la mantequilla y el azúcar con ayuda de una batidora eléctrica hasta que se esponje. Agregue los huevos y bata hasta integrar por completo. Añada el plátano y la vainilla.

3   Mezcle la harina, avena y polvo para hornear en otro tazón. Agregue gradualmente la mezcla de harina a la mezcla de plátano. Añada las avellanas.

4   Coloque cucharadas de la mezcla sobre una charola para hornear ligeramente engrasada con mantequilla. Hornee durante 10 minutos o hasta que las orillas estén ligeramente doradas. Deje enfriar sobre una rejilla de alambre.

**Rinde aproximadamente 40 galletas • Preparación 20 minutos • Cocción 10 minutos**

# Biscotti de almendra

1 2/3 taza de harina de trigo (simple)
1/2 cucharadita de polvo para hornear
2 huevos grandes
1/2 taza de azúcar superfina (caster)
1 cucharadita de extracto de vainilla
1 cucharadita de ralladura de naranja
3/4 taza de almendras blanqueadas,
ligeramente tostadas
clara de huevo

1   Precaliente el horno a 180°C (360°F).

2   Cierna la harina y el polvo para hornear sobre un tazón. En otro tazón bata los huevos, azúcar, extracto de vainilla y ralladura de naranja hasta obtener una mezcla espesa y cremosa. Integre la mezcla de huevo y las almendras con la mezcla de harina usando movimiento envolvente.

3   Amase sobre una superficie de trabajo enharinada hasta obtener una masa firme. Divida la masa a la mitad. Forme una barra de aproximadamente 50 mm (2 in) de ancho y 25 mm (1 in) de grueso con cada trozo de masa. Coloque sobre una charola para hornear previamente engrasada con mantequilla y enharinada. Barnice con clara de huevo.

4   Hornee durante 30 minutos o hasta que estén firmes. Deje enfriar durante 10 minutos. Corte cada barra diagonalmente en rebanadas de 10 mm (2/5 in) de grueso. Coloque sobre charolas para hornear. Hornee de 20 a 30 minutos o hasta que estén secas y crujientes. Deje enfriar sobre una rejilla de alambre. Almacene en un recipiente con cierre hermético.

**Rinde 30 rebanadas • Preparación 20 minutos • Cocción 1 hora**

# Galletas de crema de cacahuate y miel de abeja

3/4 taza de crema de cacahuate con trocitos
2/3 taza de miel de abeja
1 huevo, ligeramente batido
1 taza de harina de trigo (simple), cernida
1/2 taza de hojuelas de avena
1/3 taza de sultanas (uvas pasas doradas)

1  Precaliente el horno a 160°C (320°F).

2  Coloque la crema de cacahuate y la miel de abeja en una olla. Cocine revolviendo sobre fuego bajo hasta que esté suave y tersa. Deje enfriar ligeramente. Agregue el huevo. Integre los ingredientes restantes usando movimiento envolvente.

3  Forme bolas con cucharaditas de la mezcla. Coloque sobre charolas para hornear forradas con papel encerado para hornear. Presione ligeramente con ayuda de un tenedor. Hornee durante 12 minutos o hasta que se doren. Deje enfriar sobre rejillas de alambre.

Rinde 30 galletas · Preparación 15 minutos · Cocción 12 minutos

# GALLETAS DE JENGIBRE

30 g (1 oz) de mantequilla
1⁄4 taza de azúcar
1 huevo
1⁄2 taza de harina integral (trigo entero) (simple), cernida
1⁄2 taza de harina blanca de trigo (simple), cernida
2 cucharaditas de jengibre molido
1 cucharada de jengibre en almíbar
1⁄2 cucharadita de nuez moscada molida
1⁄4 cucharadita de clavo de olor molido
2 cucharadas de piloncillo (melaza) o miel de maíz (dorada), tibia

1   Precaliente el horno a 160°C (320°F). Bata la mantequilla y el azúcar en un tazón hasta obtener una mezcla ligera y esponjosa. Integre el huevo, batiendo. Agregue los ingredientes restantes. Tape y refrigere durante una hora.

2   Ruede cucharaditas de la mezcla para formar bolas. Coloque sobre charolas para hornear previamente engrasadas con un poco de mantequilla. Aplane ligeramente. Hornee de 10 a 12 minutos o hasta que se doren.

Rinde 28 galletas · Preparación 1 hora · Cocción 12 minutos

# Cuadros de caramelo

**Base de galleta**
100 g (3 1/2 oz) de mantequilla
3 cucharadas de azúcar
60 g (2 oz) de fécula de maíz (maicena), cernida
3/4 taza de harina de trigo (simple), cernida

**Relleno de caramelo**
125 g (4 oz) de mantequilla
1/2 taza de azúcar morena
2 cucharadas de miel de abeja
400 g (14 oz) de leche condensada
1 cucharadita de extracto de vainilla

**Cubierta de chocolate**
200 g (7 oz) de chocolate oscuro (semi amargo), derretido

1  Precaliente el horno a 180°C (360°F). Para hacer la base, coloque la mantequilla y el azúcar en un tazón y bata hasta obtener una mezcla ligera y esponjosa. Agregue la fécula de maíz (maicena) y la harina, extienda sobre una superficie ligeramente enharinada, amase brevemente y presione sobre un molde poco profundo para pastel de 20 x 30 cm (8 x 12 in) previamente engrasado con mantequilla y forrado con papel encerado para hornear; hornee durante 25 minutos o hasta que esté firme.

2  Para hacer el relleno, coloque la mantequilla, azúcar morena y miel de abeja en una olla y cocine sobre fuego medio, revolviendo constantemente, hasta que el azúcar se derrita y los ingredientes se integren. Lleve a ebullición y deje hervir lentamente durante 7 minutos. Integre la leche condensada y el extracto de vainilla, batiendo; vierta el relleno sobre la base y hornee durante 20 minutos más. Deje reposar para que se enfríe por completo. Extienda el chocolate derretido sobre el relleno, deje reposar hasta que esté firme y corte en cuadros.

Rinde 25 cuadros • Preparación 25 minutos • Cocción 45 minutos

# CUADROS DE CHOCOLATE Y RON

1 taza de harina enriquecida con levadura, cernida
1 cucharada de cocoa en polvo, cernida
1/2 taza de azúcar superfina (caster)
75 g (2 1/2 oz) de coco deshidratado rallado
75 g (2 1/2 oz) de uvas pasas (uvas pasas oscuras), picadas
125 g (4 oz) de mantequilla, derretida
1 cucharadita de ron
2 cucharadas de chocolate oscuro, rallado (semi amargo)
2 huevos, ligeramente batidos

**Betún de chocolate**
1 taza de azúcar glas
2 cucharadas de cocoa en polvo
15 g (1/2 oz) de mantequilla, suavizada
coco rallado, el necesario

1   Precaliente el horno a 180°C (360°F). Coloque la harina, cocoa en polvo, azúcar superfina, coco y uvas pasas en un tazón y mezcle hasta integrar. Agregue la mantequilla, ron, chocolate rallado y huevos. Mezcle hasta integrar por completo.

2   Presione la mezcla en un molde cuadrado para pastel de 25 cm (10 in) previamente engrasado con mantequilla y forrado con papel encerado para hornear; hornee de 20 a 25 minutos o hasta que esté firme. Deje enfriar en el molde.

3   Para hacer el betún, cierna el azúcar glas y la cocoa en polvo sobre un tazón. Agregue la mantequilla y una cucharada de agua hirviendo y bata hasta que el betún adquiera una consistencia fácil de untar.

4   Desmolde el pastel sobre una rejilla de alambre o plato, cubra con el betún y agregue el coco. Refrigere hasta que el betún esté firme y corte en cuadros.

Rinde 25 porciones • Preparación 15 minutos • Cocción 25 minutos

# Panqué de nuez con moras azules

1 taza de harina integral (trigo entero) (simple)
1 taza de harina blanca de trigo (simple)
1 1/2 cucharadita de polvo para hornear
1 cucharadita de sal
1/2 cucharadita de bicarbonato de sodio
45 g (1 1/2 oz) de mantequilla
3/4 taza de yogurt natural
1 cucharada de ralladura de limón amarillo
2 huevos
1 taza de moras azules
1 taza de nueces pecanas, picadas

1    Precaliente el horno a 180°C (360°F).

2    Cierna ambas harinas, polvo para hornear, sal y bicarbonato de sodio sobre el tazón de un procesador de alimentos. Agregue la mantequilla y procese hasta que la mezcla adquiera la consistencia de migas gruesas de pan.

3    Mezcle el yogurt, ralladura y huevos en otro tazón hasta integrar por completo. Agregue al procesador de alimentos y procese sólo hasta que se humedezcan. Añada las moras azules y las nueces; procese sólo hasta integrar.

4    Usando una cuchara pase a un molde para panqué previamente engrasado con mantequilla, hornee alrededor de una hora o hasta que al insertar un palillo éste salga limpio. Deje enfriar sobre una rejilla para pastel. Desmolde y corte en rebanadas de 12 mm (1/2 in).

Rinde aproximadamente 18 rebanadas • Preparación 20 minutos • Cocción 1 hora

# CIGARROS DE NUEZ CON CANELA

1/4 taza de nueces de castilla, toscamente picadas
1 cucharada de azúcar morena
2 cucharaditas de canela molida
6 hojas de pasta filo
2 cucharadas de aceite de oliva o canola
1/4 taza de piñones
clara de huevo

1   Precaliente el horno a 180°C (360°F). Mezcle las nueces, azúcar y canela en un tazón. Haga una capa con dos hojas de pasta, acomodándolas con el lado corto frente a usted. Barnice ligeramente la mitad inferior de la pasta con aceite. Espolvoree con una tercera parte de la mezcla de nuez. Doble la pasta a la mitad. Barnice ligeramente con aceite. Espolvoree con una tercera parte de los piñones. Corte longitudinalmente en tres tiras y corte cada tira a la mitad. Enrolle. Coloque sobre una charola para hornear previamente engrasada con mantequilla, acomodando los rollos con la unión hacia abajo. Barnice ligeramente con clara de huevo. Repita la operación con la pasta, mezcla de nuez y piñones restantes.

2   Hornee de 10 a 12 minutos o hasta que se doren. Deje enfriar sobre una rejilla de alambre.

Rinde 36 cigarros • Preparación 30 minutos • Cocción 12 minutos

# Cuadros de chocolate y nuez

4 claras de huevo
1/4 taza de azúcar
125 g (4 oz) de chocolate, derretido y frío
90 g (3 oz) de mantequilla, derretida y fría
1 1/2 cucharadita de extracto de vainilla
1 taza de harina de trigo (simple)
1/4 taza de azúcar morena
1/3 taza de cocoa en polvo
2 cucharaditas de polvo para hornear
1/2 cucharadita de bicarbonato de sodio
1/3 taza de nueces, picadas

1   Precaliente el horno a 190°C (380°F). Bata las claras de huevo hasta que se formen picos suaves. Integre gradualmente el azúcar, batiendo. Bata hasta que el azúcar se haya disuelto. Integre el chocolate, mantequilla y extracto de vainilla usando movimiento envolvente.

2   Cierna la harina, azúcar morena, cocoa, polvo para hornear y bicarbonato de sodio sobre un tazón grande. Haga una fuente en el centro. Integre las claras de huevo y las nueces usando movimiento envolvente sólo hasta integrar. Usando una cuchara pase a un molde de cerámica cuadrado de 23 cm (9 in) previamente engrasado con mantequilla y forrado con papel encerado para hornear.

3   Hornee de 20 a 25 minutos o hasta que al insertar un palillo en el centro éste salga limpio. Deje enfriar en el molde. Corte en cuadros de 4 ó 5 cm (1 1/2-2 in). Acompañe con moras frescas si lo desea.

Rinde 25 cuadros • Preparación 20 minutos • Cocción 25 minutos

# LAMINGTONS PERFECTOS

3 huevos
¾ taza de azúcar superfina (caster)
¾ taza de harina enriquecida con levadura, cernida
¼ taza de fécula de maíz (maicena)
15 g (½ oz) de mantequilla

**Betún de chocolate**
2 tazas de azúcar glas, cernida
3 cucharadas de cocoa en polvo
20 g (¾ oz) de mantequilla
2 tazas de coco deshidratado rallado

1   Precaliente el horno a 200°C (400°F).

2   Bata los huevos con ayuda de una batidora eléctrica hasta que estén claros. Agregue el azúcar y bata hasta obtener una mezcla espesa y cremosa. Cierna la harina y la fécula de maíz sobre la mezcla e integre usando movimiento envolvente. Mezcle la mantequilla con 3 cucharadas de agua hirviendo e incorpore rápida y ligeramente con la mezcla de harina.

3   Vierta en un molde para lamingtons (charola para hornear con bordes altos) de 18 x 28 cm (7 x 11 in) previamente engrasado con mantequilla; hornee alrededor de 20 minutos.

4   Deje enfriar sobre una rejilla para pastel. Coloque en el congelador hasta que esté firme pero no sólido. Los lamingtons se podrán cortar y cubrir con más facilidad si están medio congelados.

5   Cierna el azúcar glas y la cocoa sobre un tazón. Integre la mantequilla, agregue 4 cucharadas de agua hirviendo y mezcle hasta integrar por completo y suavizar. Coloque el tazón en una sartén con agua hirviendo y mezcle hasta obtener una consistencia líquida. Deje reposar el tazón en agua caliente mientras sumerge los lamingtons para que el betún conserve la misma consistencia.

6   Vacíe el coco sobre una hoja de papel colocada sobre una superficie plana.

7   Corte el pastel medio congelado en 12 trozos del mismo tamaño. Sostenga cada trozo con ayuda de un tenedor y sumerja rápidamente en el betún tibio, escurra y cubra uniformemente con el coco. Coloque sobre una rejilla de alambre para que se seque. Repita la operación con los lamingtons restantes.

**Rinde aproximadamente 12 lamingtons • Preparación 20 minutos • Cocción 20 minutos**

# POLVORONES, SCONES Y BOLLOS

Los polvorones gustan mucho por su sabor amantequillado y su particular textura desmoronable. Los polvorones o shortbread se originaron en Escocia al igual que los scones. Los scones a menudo se acompañan con mermelada (jalea) y crema como parte del famoso té estilo Devonshire. A los scones naturales se les puede agregar jengibre, grosellas, manzana, dátiles o incluso queso. Los bollos son otro tipo de pan dulce que puede decorarse para ocasiones especiales o disfrutarse en un día cualquiera.

# Polvorones de avellana

250 g (9 oz) de mantequilla, picada
1 1/2 taza de harina de trigo (simple), cernida
45 g (1 1/2 oz) de avellanas, molidas
1/4 taza de arroz molido
1/4 taza de azúcar superfina (caster)
100 g (3 1/2 oz) de chocolate, derretido

1   Precaliente el horno a 160°C (320°F).

2   Coloque la mantequilla, harina, avellanas y arroz molido en un procesador de alimentos y procese hasta que la mezcla tenga una consistencia similar a migas gruesas de pan. Agregue el azúcar y procese hasta integrar.

3   Coloque la mezcla sobre una superficie de trabajo y amase ligeramente hasta obtener una masa maleable. Coloque la masa entre hojas de papel encerado y extienda con ayuda de un rodillo hasta dejar de 5 mm (1/5 in) de grueso. Usando un cortador ondulado para galletas de 50 mm (2 in) corte círculos de masa y colóquelos sobre charolas para hornear previamente engrasadas con mantequilla, dejando una separación de 25 mm (1 in) entre ellos. Hornee de 20 a 25 minutos o hasta que se doren ligeramente. Deje reposar sobre las charolas para hornear durante 2 ó 3 minutos antes de pasarlos a rejillas de alambre para que se enfríen.

4   Coloque el chocolate derretido en una bolsa de plástico para alimentos, haga un corte pequeño en una de sus esquinas y presione para hacer líneas sobre cada polvorón antes de servir.

**Rinde 40 polvorones · Preparación 20 minutos · Cocción 25 minutos**

# Polvorones de Avellana y licor de café

125 g (4 oz) de mantequilla
2 cucharadas de azúcar glas
2 cucharaditas de licor de café
2 cucharadas de avellanas molidas
3⁄4 taza de harina de trigo (simple), cernida

1   Precaliente el horno a 190°C (380°F).

2   Acreme la mantequilla y el azúcar hasta suavizar. Agregue el licor y las avellanas y mezcle hasta integrar por completo. Incorpore la harina cernida usando movimiento envolvente.

3   Coloque la mezcla en una manga para repostería adaptada con una punta o duya estriada y presione para hacer figuras sofisticadas sobre una charola para hornear previamente engrasada con un poco de mantequilla.

4   Hornee alrededor de 12 minutos o hasta que estén ligeramente doradas.

Rinde aproximadamente 30 polvorones • Preparación 10 minutos • Cocción 12 minutos

# Polvorones
# De almendra y cereza

200 g (7 oz) de mantequilla
90 g (3 oz) de azúcar superfina (caster)
1/4 cucharadita de extracto de vainilla
250 g (9 oz) de harina de trigo (simple)
60 g (3 oz) de harina de arroz
1/4 cucharadita de polvo para hornear
100 g (3 1/2 oz) de hojuelas de almendras
100 g (3 1/2 oz) de cerezas en almíbar

1. Precaliente el horno a 190°C (380°F).

2. Acreme la mantequilla, azúcar y vainilla hasta obtener una mezcla ligera y esponjosa.

3. Cierna los ingredientes secos sobre la mezcla de mantequilla y amase sobre una superficie de trabajo ligeramente enharinada hasta integrar por completo y obtener una masa tersa.

4. Presione sobre un molde para lamingtons (charola para hornear con bordes altos) previamente engrasado con un poco de mantequilla, marque rebanadas del tamaño de un dedo sobre su superficie, pique cada barra con ayuda de un tenedor y decore con las almendras y las cerezas en almíbar.

5. Hornee alrededor de 30 minutos o hasta que los polvorones estén ligeramente dorados. Corte en rebanadas antes de servir. Almacene en un recipiente con cierre hermético.

Rinde 15-20 polvorones • Preparación 15 minutos • Cocción 20 minutos

# Polvorones sencillos

1 taza de azúcar
1 taza de mantequilla
2 tazas de harina de trigo (simple)

1   Precaliente el horno a 180°C (360°F).

2   Mezcle toscamente el azúcar con la mantequilla. Agregue la harina y mezcle hasta integrar por completo. Coloque sobre una superficie ligeramente enharinada. Amase hasta que se cuartee sobre la superficie.

3   Extienda con ayuda de un rodillo hasta dejar de 6 mm (1/4 in) de grueso y corte con un cortador para galletas. Pique con ayuda de un tenedor y coloque sobre charolas (hojas) para galletas sin engrasar.

4   Hornee alrededor de 40 ó 50 minutos, o hasta que estén ligeramente dorados.

Rinde aproximadamente 24 polvorones · Preparación 10 minutos · Cocción 50 minutos

# Polvorones de chocolate

300 g (10 1⁄2 oz) de mantequilla sin sal
1 taza de azúcar superfina (caster)
2 1⁄2 tazas de harina de trigo (simple)
5 cucharadas de cocoa en polvo
1⁄4 cucharadita de bicarbonato de sodio

1   Precaliente el horno a 180°C (360°F).

2   Engrase con mantequilla un molde para lamington (charola para hornear con bordes altos) de 20 cm x 30 cm (8 x 12 in) y forre la base y los lados con papel encerado para hornear. Bata la mantequilla y el azúcar en un tazón hasta que esté clara.

3   Cierna la harina, cocoa y bicarbonato de sodio sobre la mezcla y bata lentamente sólo hasta integrar. Extienda en el molde y empareje la superficie con ayuda de una espátula. Pique por todos lados con ayuda de un tenedor. Refrigere durante 15 minutos.

4   Hornee los polvorones durante 25 minutos o hasta que estén firme al tacto. Mientras están aún calientes marque 12 rectángulos sobre la superficie con ayuda de un cuchillo.

5   Deje enfriar ligeramente, retire del molde y corte en 12 trozos. Espolvoree con cocoa antes de servir. Los polvorones se mantendrán frescos durante 3 ó 4 días si se almacenan en un recipiente con cierre hermético.

Rinde 12 polvorones • Preparación 15 minutos • Cocción 25 minutos

# TARTAS DE POLVORÓN CON QUESO CREMA

180 g (6 1/2 oz) de mantequilla
1/2 taza de azúcar glas
1 cucharadita de extracto de vainilla
1 1/2 taza de harina de trigo (simple)
2 cucharadas de fécula de maíz
(maicena)
1/8 cucharadita de sal

**Relleno de queso crema**
250 g (9 oz) de queso crema, suavizado
200 g (7 oz) de leche condensada
1/3 taza de jugo de limón amarillo recién
exprimido
ralladura de 1 limón amarillo
1 cucharadita de extracto de vainilla
250 g (9 oz) de moras frescas o la fruta
de su elección

1  Precaliente el horno a 180°C (360°F).

2  Prepare una charola para 36 mantecadas pequeñas engrasando ligeramente los moldes con mantequilla.

3  Mezcle la mantequilla con el azúcar hasta integrar por completo. Agregue la vainilla. Cierna la harina, fécula de maíz y sal sobre la mezcla y revuelva sólo hasta incorporar por completo. No mezcle de más. Divida la masa en 36 trozos del mismo tamaño y coloque una bola de masa en el centro de cada molde. Presione la masa sobre los lados de cada molde para mantecada usando las yemas de sus dedos, de manera que quede un orificio en el centro de cada uno.

4  Una vez llenos, coloque la charola con las cortezas crudas en el congelador alrededor de 10 minutos para que los polvorones adquieran una consistencia firme. (Esto le ayudará a evitar que los polvorones se esponjen durante el horneando.)

5  Hornee alrededor de 18 ó 20 minutos o hasta que se doren ligeramente. Aproximadamente a la mitad del tiempo de horneando, pique ligeramente la base de cada corteza con ayuda de un tenedor. Revise una vez más después de 5 minutos y pique una vez más si fuera necesario. Cuando estén totalmente cocidas, retire del horno, coloque sobre una rejilla de alambre y deje enfriar. Cuando estén totalmente frías, retire las tartas de los moldes.

6  Para hacer el relleno de queso crema bata el queso crema hasta que se esponje. Agregue la leche condensada, jugo y ralladura de limón y vainilla y procese hasta suavizar. No bata demasiado o el relleno quedará demasiado aguado. Pase el relleno a un tazón, tape y refrigere hasta el momento de servir.

7  Cuando vaya a servir, llene las cortezas de tarta con el relleno de queso crema y cubra con moras frescas o la fruta de su elección.

**Rinde aproximadamente 36 tartas · Preparación 35 minutos · Cocción 20 minutos**

# Scones tradicionales

2 tazas de harina enriquecida con levadura
2 cucharaditas de azúcar
30 g (1 oz) de mantequilla, partida en cubos
3/4 taza de leche
1 cucharada de jugo de limón amarillo

1   Mezcle la harina y el azúcar en un tazón. Agregue la mantequilla y frote ligeramente con las yemas de sus dedos para integrarla con la harina.

2   Mezcle la leche y el jugo de limón amarillo en un frasco.

3   Haga una fuente en el centro de la harina. Vierta la mezcla de leche en el centro de la fuente y, usando un cuchillo, mezcle hasta obtener una masa suave y pegajosa.

4   Extienda sobre una tabla enharinada y amase ligeramente. Forme un rectángulo y corte los scones con un cortador de aproximadamente 25 mm (1 in) de alto.

5   Corte un trozo de papel encerado para hornear para que quede del tamaño de una sartén con tapa. Caliente la sartén sobre fuego bajo, coloque los scones en la sartén, tape y cocine alrededor de 7 u 8 minutos de cada lado o hasta que se doren.

6   Acompañe los scones con mantequilla y mermelada o jalea.

Rinde 6-8 scones • Preparación 10 minutos • Cocción 16 minutos

# BOLLOS DE CRUZ

3 sobres (7 g ó 1/4 oz c/u) de levadura
1 taza de leche tibia
una pizca de sal
2 cucharadas de azúcar morena clara
1 cucharadita de canela molida
1/2 cucharadita de nuez moscada molida
1/4 cucharadita de pimienta
de jamaica molida
2 huevos
4 tazas de harina de trigo (simple)
2 cucharadas de aceite vegetal

2 cucharadas de mezcla
de cáscaras cítricas
2 cucharadas de sultanas
(uvas pasas doradas)
**Cruz**
1/2 taza de harina de trigo (simple)

**Glaseado**
1/2 cucharadita de grenetina sin sabor
2 cucharadas de azúcar glas
2 cucharadas de leche
baja en grasa, tibia

1   Coloque la levadura en un tazón grande. Vierta la leche. Deje reposar en un lugar tibio durante 10 minutos o hasta que se esponje. Agregue la sal, azúcar y especias. Integre los huevos, batiendo uno a la vez. Añada la mitad de la harina, mezclando hasta obtener una masa suave. Integre el aceite, batiendo. Continúe batiendo durante un minuto. Agregue la harina restante y amase. Coloque la masa en un tazón ligeramente engrasado con aceite. Voltee para cubrir con el aceite. Tape con plástico adherente. Deje reposar en un lugar tibio durante una hora o hasta que duplique su tamaño.

2   Amase sobre una superficie ligeramente enharinada agregando la mezcla de cáscaras cítricas y las sultanas (uvas pasas doradas). Forme una barra. Corte en 18 trozos del mismo tamaño. Forme un bollo con cada trozo. Coloque los bollos sobre una charola para hornear previamente engrasada con mantequilla, dejando una separación de 25 mm (1 in) entre ellos. Tape. Deje reposar en un lugar tibio durante 20 minutos.

3   Para hacer la cruz, coloque la harina y 1/3 taza de agua en un tazón. Bata hasta suavizar. Usando una cuchara coloque la mezcla para la cruz en una manga para repostería adaptada con una punta pequeña y lisa. Marque una cruz sobre cada bollo.

4   Precaliente el horno a 200°C (400°F). Hornee los bollos durante 15 minutos o hasta que se doren.

5   Para preparar el glaseado, coloque todos los ingredientes en un tazón. Mezcle hasta suavizar. Barnice los bollos tibios con el glaseado.

**Rinde 18 bollos • Preparación 1 hora 30 minutos • Cocción 15 minutos**

# SCONES DE DÁTIL

500 g (1 lb) de harina enriquecida con levadura
1 cucharadita de sal
2 cucharaditas de canela molida
60 g (2 oz) de mantequilla
125 g (4 oz) de dátiles picados
30 g (1 oz) de azúcar
2 tazas de leche
1 huevo, batido
1/4 taza de leche

1   Precaliente el horno a 230°C (450°F).

2   Cierna la harina, sal y canela y, usando las yemas de sus dedos, frote la mantequilla para integrar con la mezcla de harina. Agregue los dátiles y el azúcar. Haga una fuente en el centro y agregue de golpe las 2 tazas de leche, revolviendo rápida y ligeramente hasta obtener una masa suave.

3   Extienda sobre una tabla ligeramente enharinada y amase sólo lo suficiente para hacer una superficie tersa. Golpee ligeramente hasta dejar de 12 a 18 mm (1/2-3/4 in) de grueso y, usando un cortador pequeño para scones (o bisquets), corte en círculos.

4   Coloque sobre una charola (hoja) para hornear enharinada. Barnice las superficies con una mezcla de huevo batido y 1/4 taza de leche y hornee alrededor de 10 minutos.

Rinde 12-16 scones • Preparación 20 minutos • Cocción 10 minutos

# Scones de queso

500 g (1 lb) de harina enriquecida con levadura
1/4 cucharadita de pimienta de cayena (roja)
1 cucharadita de sal
60 g (2 oz) de mantequilla
1 cucharada de cebolla, finamente picada
60 g (2 oz) de queso cheddar, rallado
1 huevo
1/4 taza de perejil, finamente picado
2 tazas de leche
1 huevo, batido
1/4 taza de leche

1  Precaliente el horno a 230°C (450°F).

2  Cierna la harina, pimienta y sal y, usando las yemas de sus dedos, frote la mantequilla para integrar con la mezcla de harina. Agregue la cebolla, queso, huevo y perejil. Haga una fuente en el centro y agregue de golpe las 2 tazas de leche, revuelva rápida y ligeramente hasta obtener una masa suave.

3  Extienda sobre una tabla ligeramente enharinada y amase sólo lo suficiente para hacer una superficie tersa. Golpee suavemente hasta dejar de 12 a 18 mm (1/2-3/4 in) de grueso y, usando un cortador para scones (o bisquets), corte en círculos.

4  Coloque sobre una charola (hoja) para hornear enharinada. Barnice las superficies con una mezcla de huevo batido y 1/4 taza de leche y hornee alrededor de 10 minutos.

Rinde 12-16 scones • Preparación 20 minutos • Cocción 10 minutos

# Bollos de butterscotch

60 g (2 oz) de mantequilla, suavizada, más 45 g (1 1/2 oz)
de mantequilla refrigerada
3/4 taza compacta de azúcar mascabado
2 tazas de harina de trigo (simple)
2 cucharadas de azúcar granulada
4 cucharaditas de polvo para hornear
1 cucharadita de sal
3/4 taza de leche
1/3 taza de nueces, picadas

1   Precaliente el horno a 220°C (430°F). Mezcle la mantequilla suavizada con el azúcar mascabado en un tazón pequeño. Reserve.

2   En un tazón grande mezcle la harina, azúcar granulada, polvo para hornear y sal. Incorpore la mantequilla refrigerada cortando con ayuda de un mezclador de varillas hasta obtener una mezcla desmoronable. Haga una fuente en el centro.

3   Vierta la leche en la fuente. Mezcle para hacer una masa suave. Amase 8 ó 10 veces. Golpee suavemente o extienda con ayuda de un rodillo sobre una superficie de trabajo ligeramente enharinada hasta formar un cuadro de 23 ó 25 cm (9-10 in). Cubra con la mezcla de azúcar mascabado.

4   Cubra con las nueces. Enrolle como si estuviera enrollando un niño envuelto. Pique la orilla para sellar. Corte en 12 rebanadas. Coloque sobre una charola de 20 x 20 cm (8 x 8 in) previamente engrasada con mantequilla. Hornee de 15 a 20 minutos. Mientras aún estén calientes, coloque una charola o un plato sobre la charola e invierta.

Rinde 12 bollos • Preparación 25 minutos • Cocción 20 minutos

# Scones de manzana

2 tazas de harina de trigo (simple)
1/4 taza de azúcar granulada
2 cucharaditas de polvo para hornear
1/2 cucharadita de bicarbonato de sodio
1/2 cucharadita de sal
45 g (1 1/2 oz) de mantequilla, refrigerada
1 manzana grande, sin piel y rallada
1/2 taza de leche

1 Precaliente el horno a 220°C (430°F). Mezcle la harina, azúcar, polvo para hornear, bicarbonato de sodio y sal en un tazón grande. Integre la mantequilla cortando con ayuda de un mezclador de varillas hasta obtener una consistencia desmoronable.

2 Agregue la manzana y la leche. Mezcle para formar una masa suave. Extienda sobre una superficie de trabajo ligeramente enharinada. Amase suavemente 8 ó 10 veces. Golpee suavemente para formar dos círculos de 15 cm (6 in). Coloque sobre una charola para hornear previamente engrasada con mantequilla. Barnice las superficies con leche. Espolvoree con azúcar y con canela. Marque cada superficie simulando seis rebanadas en forma de cuña. Hornee durante 15 minutos o hasta que se doren y esponjen. Sirva recién salidos del horno, acompañando con mantequilla.

Rinde 12 scones • Preparación 20 minutos • Cocción 15 minutos

# SCONES DE GROSELLA

2 tazas de harina de trigo (simple)
1/4 taza de azúcar granulada
4 cucharaditas de polvo para hornear
1/2 cucharadita de sal
45 g (1 1/2 oz) de mantequilla, refrigerada
1/2 taza de grosellas secas
1 huevo
1/2 taza de leche

1   Precaliente el horno a 220°C (430°F). En un tazón grande mezcle la harina, azúcar, polvo para hornear y sal. Integre la mantequilla cortando con ayuda de un mezclador de varillas hasta obtener una consistencia desmoronable. Agregue las grosellas. Haga una fuente en el centro.

2   En un tazón pequeño bata el huevo hasta que espume. Agregue la leche. Vierta en la fuente. Mezcle con ayuda de un tenedor hasta formar una masa suave. Extienda sobre una superficie de trabajo ligeramente enharinada. Amase 8 ó 10 veces. Golpee suavemente hasta dejar de 12 a 18 mm (1/2-3/4 in) de grueso y, usando un cortador para scones (o bisquets), corte en círculos. Pase a una charola para hornear previamente engrasada con mantequilla.

3   Barnice las superficies con leche y espolvoree con azúcar. Hornee durante 15 minutos hasta que se esponjen y doren ligeramente. Sirva calientes acompañando con mantequilla y mermelada o jalea.

Rinde 12 scones • Preparación 20 minutos • Cocción 15 minutos

# SCONES DE JENGIBRE

2 tazas de harina de trigo (simple)
1 cucharada de azúcar granulada
2 cucharaditas de polvo para hornear
1/2 cucharadita de bicarbonato de sodio
3/4 cucharadita de sal
1/2 cucharadita de canela molida
1/2 cucharadita de jengibre molido
45 g (1 1/2 oz) de mantequilla, refrigerada
1 huevo
1/4 taza de melaza o piloncillo espeso
1/4 taza de buttermilk, leche ácida o yogurt

1   Precaliente el horno a 220°C (430°F). Coloque la harina, azúcar, polvo para
    hornear, bicarbonato de sodio, sal, canela y jengibre sobre un tazón grande.
    Mezcle. Integre la mantequilla cortando con ayuda de un mezclador de varillas
    hasta obtener una consistencia desmoronable. Haga una fuente en el centro.

2   En un tazón pequeño bata el huevo hasta que espume. Agregue la melaza y el
    buttermilk. Vierta en la fuente. Mezcle con ayuda de un tenedor para hacer una
    masa suave. Extienda sobre una superficie de trabajo ligeramente enharinada.
    Amase ligeramente 8 ó 10 veces. Divida a la mitad. Golpee suavemente cada mitad
    para formar un círculo de 15 cm (6 in). Coloque sobre una charola para hornear
    previamente engrasada con mantequilla.

3   Barnice las superficies con leche. Espolvoree con azúcar. Marque seis rebanadas
    en forma de cuña sobre cada scone. Hornee durante 30 minutos o hasta que se
    esponjen y doren. Sirva calientes acompañando con bastante mantequilla.

Rinde 12 scones • Preparación 20 minutos • Cocción 30 minutos

# MANTECADAS
# Y CUPCAKES

Hay mantecadas de muchos sabores: dulces y condimentados. Son un maravilloso desayuno rápido y el perfecto tentempié para la tarde. Los sabores populares son de frambuesa, dátiles, zanahorias y nueces. Los cupcakes son un bocadillo más dulce ya que van cubiertos con betún y diferentes decoraciones. Estos pequeños pasteles son básicos en las fiestas infantiles pero también gustan a los jóvenes de corazón.

# MANTECADAS DE SALVADO DE AVENA

1 1/4 taza de salvado de avena
1 taza de harina enriquecida con levadura
1/2 taza de leche
2 huevos, ligeramente batidos
1/4 taza de miel de abeja
3 cucharadas de aceite de cártamo

1   Precaliente el horno a 180°C (360°F). Mezcle el salvado de avena y la harina en un tazón grande.

2   Licue o procese la leche, huevos, miel de abeja y aceite hasta integrar. Agregue a la mezcla de harina. Mezcle sólo hasta integrar.

3   Forre una charola para mantecadas con capacillos de papel y llene con la mezcla.

4   Hornee durante 15 minutos o hasta que al insertar un palillo en el centro éste salga limpio.

Rinde 10 mantecadas • Preparación 15 minutos • Cocción 15 minutos

# Mantecadas de frambuesa

1 taza de harina integral (trigo entero) enriquecida con levadura
1 taza de harina blanca enriquecida con levadura
1/2 taza de salvado
1/2 cucharadita de bicarbonato de sodio
1 cucharadita de jengibre molido
3/4 taza de buttermilk o yogurt
1/3 taza de jugo de naranja concentrado
2 huevos
2/3 taza de frambuesas frescas o congeladas, ligeramente descongeladas

1 Precaliente el horno a 180°C (360°F). Cierna los ingredientes secos sobre un tazón. Regrese el salvado al tazón.

2 Bata el buttermilk con el jugo de naranja y los huevos. Agregue de golpe los ingredientes secos. Añada las frambuesas y mezcle sólo hasta integrar. Tenga cuidado de no mezclar demasiado. Usando una cuchara pase a moldes para mantecadas previamente engrasados con mantequilla.

3 Hornee de 20 a 25 minutos o hasta que se vean cocidos cuando se prueben con un palillo.

Rinde 10 porciones · Preparación 15 minutos · Cocción 25 minutos

# Mantecadas de queso y tocino

2 tazas de harina de trigo (simple)
1 cucharada de polvo para hornear
1/4 cucharadita de sal
45 g (1 1/2 oz) de queso cheddar añejo, rallado
4 ó 5 rebanadas de tocino, cocido y desmoronado
1 huevo
1 taza de leche
1/4 taza de aceite de oliva

1  Precaliente el horno a 200°C (400°F). Coloque la harina, polvo para hornear, sal, queso y tocino sobre un tazón grande. Mezcle toscamente. Haga una fuente en el centro.

2  En un tazón pequeño, bata ligeramente el huevo. Agregue la leche y el aceite y mezcle. Vierta en la fuente. Mezcle únicamente hasta humedecer. La masa quedará con grumos. Llene moldes para mantecadas previamente engrasados con mantequilla hasta tres cuartas partes. Hornee de 20 a 25 minutos. Deje reposar durante 5 minutos. Retire del molde. Sirva recién salidos del horno.

Rinde 12 porciones • Preparación 20 minutos • Cocción 25 minutos

# Mantecadas de Dátil

1 1/2 taza de dátiles picados
1 cucharadita de bicarbonato de sodio
1 3/4 taza de harina de trigo (simple)
1 cucharadita de polvo para hornear
1/2 cucharadita de sal
1/2 taza de nueces picadas
2 huevos
3/4 taza compacta de azúcar mascabado
1/4 taza de aceite
1 cucharadita de extracto de vainilla

1   Precaliente el horno a 200°C (400°F). Mezcle los dátiles, 3/4 taza de agua hirviendo y el bicarbonato de sodio en un tazón. Reserve.

2   Mezcle la harina, polvo para hornear, sal y nueces en otro tazón. Mezcle hasta integrar por completo. Reserve.

3   En un tazón bata los huevos hasta que espumen. Lentamente integre el azúcar, aceite y vainilla. Agregue la mezcla de dátil. Agregue los ingredientes secos del otro tazón. Mezcle sólo hasta integrar. No se preocupe si la masa tiene grumos. Llene moldes para mantecadas previamente engrasados con mantequilla hasta tres cuartas partes. Hornee de 20 a 25 minutos. Retire del molde después de 5 minutos.

**Rinde 16 mantecadas • Preparación 20 minutos • Cocción 25 minutos**

# Mantecadas de calabaza

1 1/2 taza de harina de trigo (simple)
1 cucharadita de polvo para hornear
1 cucharadita de bicarbonato de sodio
1/2 cucharadita de sal
1/2 cucharadita de canela molida
1/2 cucharadita de nuez moscada molida
1/2 cucharadita de jengibre molido
1/2 taza de uvas pasas (oscuras)
1 huevo
1/4 taza de azúcar granulada
1/3 taza de aceite de oliva
1 taza de calabaza de castilla cocida
1/2 taza de leche
azúcar glas

1   Precaliente el horno a 200°C (400°F). Mezcle la harina, polvo para hornear, bicarbonato de sodio, sal, canela, nuez moscada, jengibre y uvas pasas (uvas pasas oscuras) en un tazón grande. Mezcle toscamente. Haga una fuente en el centro.

2   En un tazón pequeño bata el huevo hasta que espume. Agregue el azúcar, aceite, calabaza y leche. Coloque en la fuente de los ingredientes secos. Mezcle únicamente hasta humedecer. La masa tendrá grumos. Llene moldes para mantecadas previamente engrasados con mantequilla hasta tres cuartas partes de su capacidad. Hornee de 15 a 20 minutos. Deje reposar durante 5 minutos. Retire del molde. Sirva recién salidos del horno. Espolvoree con azúcar glas.

Rinde 12 porciones • Preparación 25 minutos • Cocción 20 minutos

# MANTECADAS DE CRUMBLE DE MORAS

1 taza de harina enriquecida con levadura
1 taza de harina de trigo (simple)
1 cucharadita de polvo para hornear
1/2 taza de azúcar morena
3/4 taza de leche
1/4 taza de aceite de canola
2 huevos, ligeramente batidos
1 taza de mezcla de moras congeladas

**Cubierta de crumble**
2 cucharadas de harina de trigo (simple)
30 g (1 oz) de mantequilla, cortada en cubos
2 cucharadas de azúcar morena

1   Precaliente el horno a 180°C (360°F). Engrase con mantequilla 12 moldes medianos para mantecadas.

2   En un tazón mediano cierna las harinas y el polvo para hornear e integre el azúcar.

3   En otro tazón mezcle la leche con el aceite y los huevos. Haga una fuente en el centro de los ingredientes secos y vierta en ella la mezcla de leche.

4   Agregue las moras y mezcle sólo hasta integrar.

5   Para hacer la cubierta de crumble, coloque la harina y la mantequilla en un tazón mediano e incorpore la mantequilla frotando con las yemas de sus dedos hasta que la mezcla parezca migas de pan. Agregue el azúcar y reserve.

6   Usando una cuchara pase la masa a los moldes para mantecadas y espolvoree con la mezcla de crumble. Hornee de 20 a 25 minutos o hasta que al insertar un palillo en su centro éste salga limpio. Desmolde sobre rejillas de alambre para que se enfríen.

Rinde 12 porciones • Preparación 20 minutos • Cocción 25 minutos

# Mantecadas de zanahoria

1 1/2 taza de harina de trigo (simple), cernida
2 cucharaditas de polvo para hornear
1/2 cucharadita de sal
3 cucharadas de azúcar
1 cucharadita de canela molida
1 cucharadita de nuez moscada molida
1 taza de zanahoria rallada
1/4 taza de grosellas
1 huevo
1/2 taza de leche
75 g (2 1/2 oz) de mantequilla, derretida

1   Precaliente el horno a 180°C (360°F). Engrase con mantequilla 12 moldes medianos para mantecadas.

2   Cierna la harina, polvo para hornear, sal, azúcar y especias sobre un tazón mediano. Agregue la zanahoria rallada y las grosellas.

3   Coloque el huevo, leche y mantequilla en un tazón pequeño y bata hasta integrar. Vierta la mezcla de leche sobre los ingredientes secos y mezcle con ayuda de un tenedor sólo hasta que los ingredientes se integren, pero sin batir demasiado.

4   Usando una cuchara pase la mezcla a 12 moldes para mantecadas previamente engrasados con mantequilla. Hornee de 20 a 25 minutos o hasta que al insertar un palillo en el centro éste salga limpio. Desmolde sobre rejillas de alambre para que se enfríen.

Rinde 12 porciones • Preparación 20 minutos • Cocción 25 minutos

# Cupcakes afrutados de chocolate

125 g (4 oz) de mantequilla
1/2 taza de azúcar
2 huevos
1 taza de sultanas (uvas pasas doradas)
90 g (3 oz) de cerezas en almíbar, picadas
1/4 taza de chispas de chocolate, picadas
1 1/2 taza de harina enriquecida con levadura
1/4 taza de cocoa en polvo
1/2 taza de leche

**Betún de chocolate**
1 1/2 taza de azúcar glas
1 cucharada de cocoa en polvo
1 cucharadita de mantequilla derretida
2 cucharadas de leche

1   Precaliente el horno a 180°C (360°F).

2   Mezcle la mantequilla y el azúcar hasta obtener una mezcla ligera y esponjosa. Agregue los huevos, uno a la vez, batiendo hasta integrar después de cada adición.

3   Integre las sultanas (uvas pasas doradas), cerezas picadas y chispas de chocolate usando movimiento envolvente. Incorpore la harina, cocoa y leche, alternando y usando movimiento envolvente.

4   Deje caer cucharaditas de la mezcla en moldes para cupcakes previamente engrasados con bastante mantequilla o capacillos de papel. Hornee alrededor de 15 minutos

5   Cierna el azúcar glas y la cocoa sobre un tazón pequeño. Agregue la mantequilla derretida y la leche y bata hasta suavizar.

6   Extienda el betún de chocolate sobre la superficie de los pasteles mientras aún estén calientes y decore con las sultanas, cerezas y chocolate.

Rinde aproximadamente 30 cupcakes • Preparación 20 minutos • Cocción 15 minutos

# CUPCAKES DE CATARINA

270 g (9 1/2 oz) de mantequilla,
suavizada
1 taza de azúcar superfina (caster)
3 huevos
1/2 taza de buttermilk o yogurt
1 1/2 taza de harina enriquecida
con levadura, cernida
1 cucharadita de extracto de vainilla

**Cubierta**
1 1/2 taza de azúcar glas
90 g (3 oz) de mantequilla, suavizada
6 gotas de extracto de vainilla
colorante para alimentos color rojo
18 malvaviscos pequeños color blanco
tira de orozuz

1   Precaliente el horno a 160°C (320°F). Forre los moldes de una charola para 12 mantecadas con capacillos de papel.

2   Usando una batidora eléctrica, acreme la mantequilla y el azúcar hasta obtener una mezcla ligera y esponjosa. Agregue los huevos, uno a la vez, batiendo hasta integrar después de cada adición.

3   Agregue el buttermilk, harina y extracto de vainilla y mezcle hasta integrar. Bata con la batidora eléctrica hasta obtener una mezcla ligera y cremosa.

4   Divida la mezcla uniformemente entre los capacillos de papel. Hornee alrededor de 20 minutos, hasta que se esponjen y estén firmes al tacto. Deje enfriar durante algunos minutos y pase a una rejilla de alambre. Deje enfriar por completo antes de cubrir con el betún.

5   Para hacer la cubierta, mezcle el azúcar glas, mantequilla y extracto de vainilla con ayuda de una cuchara hasta integrar y que la mezcla esté ligera y esponjosa. Pinte el betún al tono rojo deseado con el colorante para alimentos y extienda uniformemente sobre los cupcakes, haciendo un bello caparazón para cada catarina.

6   Corte el orozuz en tiras delgadas y haga tiras en el centro de cada pastel para simular alas. Corte una cruz de malvavisco con ayuda de unas tijeras y corte medio círculo de orozuz para hacer la cabeza y los puntos del caparazón. Coloque éste sobre la mitad del círculo de orozuz para hacer la cara. Coloque puntos de orozuz sobre el dorso para hacer los puntos de la catarina y pequeños trozos de orozuz sobre los malvaviscos para hacer los ojos.

Rinde aproximadamente 18 cupcakes • Preparación 40 minutos • Cocción 20 minutos

# Cupcakes de vainilla con granillo de dulce

3 huevos
1 taza de mantequilla, suavizada
1 taza de azúcar superfina (caster)
1/2 taza de leche
1 1/2 taza de harina enriquecida con levadura, cernida
1 cucharadita de extracto de vainilla
1 cucharadita de cocoa en polvo

**Cubierta**
1/2 taza de azúcar glas
Granillo de azúcar de colores (o grageas)

1   Precaliente el horno a 160°C (320°F). Forre los moldes de una charola para 12 mantecadas con capacillos de papel. En un tazón mediano bata ligeramente los huevos. Agregue la mantequilla con el azúcar y revuelva hasta obtener una mezcla ligera y esponjosa.

2   Agregue la leche y la harina y mezcle hasta integrar. Bata con ayuda de una batidora eléctrica durante 2 minutos, hasta obtener una mezcla clara y cremosa.

3   Divida la mezcla a la mitad y agregue la vainilla a una mitad y la cocoa en polvo a la otra mitad. Divida uniformemente entre los capacillos de papel. Hornee de 18 a 20 minutos hasta que se esponjen y estén firmes al tacto. Deje enfriar durante algunos minutos y pase a una rejilla de alambre. Deje enfriar por completo antes de agregar el betún.

4   Para hacer la cubierta, mezcle el azúcar glas y 3/4 cucharada de agua caliente en un tazón pequeño con ayuda de una cuchara de madera. Usando una cuchara coloque sobre los cupcakes. Coloque el granillo sobre un plato pequeño y presione suavemente cada cupcake sobre él.

Rinde 12 cupcakes · Preparación 12 minutos · Cocción 20 minutos

# Cupcakes con punta de cereza

3 huevos
1 taza de mantequilla, suavizada
1 taza de azúcar superfina (caster)
1/2 taza de leche
1 1/2 taza de harina enriquecida con levadura, cernida
1 cucharadita de extracto de vainilla
1 cucharada de cocoa en polvo

**Cubierta**
1 taza de gotas de chocolate oscuro (semi amargo)
15 g (1/2 oz) de mantequilla, a temperatura ambiente
1/3 taza de crema para batir
6 cerezas en almíbar, partidas a la mitad

1 Precaliente el horno a 160°C (320°F). Forre los moldes de una charola para 12 mantecadas con capacillos de papel. En un tazón mediano bata ligeramente los huevos. Agregue la mantequilla y el azúcar y revuelva hasta obtener una mezcla ligera y esponjosa.

2 Agregue la leche, harina, vainilla y cocoa en polvo y mezcle hasta integrar. Bata con ayuda de una batidora eléctrica durante 2 minutos, hasta obtener una mezcla clara y cremosa.

3 Divida la mezcla uniformemente entre los capacillos de papel. Hornee de 18 a 20 minutos hasta que se esponjen y estén firmes al tacto. Deje enfriar durante algunos minutos y pase a una rejilla de alambre. Deje enfriar por completo antes de agregar el betún.

4 Para hacer la cubierta, mezcle las gotas de chocolate y la mantequilla en una olla mediana sobre fuego medio. Cuando la mezcla empiece a derretirse, reduzca el fuego a bajo y revuelva constantemente, hasta que se haya derretido. Retire del fuego, agregue la crema y revuelva. Deje reposar durante 10 minutos. La mezcla estará firme y tendrá una consistencia aterciopelada.

5 Usando una cuchara pase a una manga para repostería adaptada con una punta ancha y presione para cubrir los cupcakes en espiral. Corone con trozos de cereza.

**Rinde 12 porciones • Preparación 12 minutos • Cocción 20 minutos**

# CUPCAKES PEGAJOSOS DE DÁTIL

2 huevos
130 g (4 1/2 oz) de mantequilla, a temperatura ambiente
3/4 taza de azúcar superfina (caster)
1 taza de harina enriquecida con levadura, cernida
400 g (14 oz) de dátiles, picados
2 cucharaditas de café instantáneo en polvo
1 cucharadita de bicarbonato de sodio
1 cucharadita de extracto de vainilla
1 taza de harina de almendra molida
1/2 taza de nueces, finamente picadas

**Cubierta**
1 taza compacta de azúcar mascabado
60 g (2 oz) de mantequilla sin sal
1 cucharadita de extracto de vainilla
45 g (1 1/2 oz) de dátiles

1  Precaliente el horno a 160°C (320°F). Forre los moldes de una charola para 12 mantecadas con capacillos de papel. En un tazón mediano bata ligeramente los huevos. Agregue la mantequilla y el azúcar y revuelva hasta obtener una mezcla ligera y esponjosa.

2  Agregue 3/4 taza de agua y la harina y mezcle hasta integrar. Agregue los ingredientes restantes de los cupcakes. Mezcle con ayuda de una cuchara de madera durante 2 minutos, hasta obtener una mezcla clara y cremosa.

3  Divida la mezcla uniformemente entre los capacillos de papel. Hornee de 18 a 20 minutos hasta que se esponjen y estén firmes al tacto. Deje enfriar durante algunos minutos y pase a una rejilla de alambre. Deje enfriar por completo antes de agregar el betún.

4  Para hacer la cubierta, mezcle el azúcar, mantequilla, vainilla y 2 cucharadas de agua en una olla. Lleve a ebullición sobre fuego medio-bajo, revolviendo constantemente. Sin volver a mezclar hierva lentamente durante un minuto. Retire del fuego, deje enfriar y usando una cuchara, coloque sobre los pasteles. Cubra cada cupcake con un dátil y agregue más cubierta. Caliente la superficie de cada cupcake con una antorcha para cocina, teniendo cuidado de no quemar el papel ni los dátiles.

Rinde 12 porciones • Preparación 12 minutos • Cocción 20 minutos

# Cupcakes de turrón de caramelo

3 huevos
180 g (6 1/2 oz) de mantequilla, suavizada
1 taza de azúcar superfina (caster)
1/2 taza de leche
1 1/2 taza de harina enriquecida con levadura
1 cucharadita de extracto de vainilla

**Cubierta**
1 taza de azúcar glas
180 g (6 1/2 oz) de mantequilla, a temperatura ambiente
100 g (3 1/2 oz) de turrón, picado

1   Precaliente el horno a 160°C (320°F). Forre los moldes de una charola para 12 mantecadas con capacillos de papel. En un tazón mediano bata ligeramente los huevos. Agregue la mantequilla y el azúcar y revuelva hasta obtener una mezcla ligera y esponjosa.

2   Agregue la leche, harina y vainilla y mezcle hasta integrar. Bata con ayuda de una batidora eléctrica durante 2 minutos, hasta obtener una mezcla clara y cremosa.

3   Divida la mezcla uniformemente entre los capacillos de papel. Hornee de 18 a 20 minutos hasta que se esponjen y estén firmes al tacto. Deje enfriar durante algunos minutos y pase a una rejilla de alambre. Deje enfriar por completo antes de agregar el betún.

4   Para hacer la cubierta, mezcle el azúcar glas con la mantequilla en un tazón pequeño y agregue el turrón picado. Mezcle y, usando una cuchara, coloque montículos de esta mezcla sobre los cupcakes.

**Rinde 12 porciones · Preparación 12 minutos · Cocción 20 minutos**

# CUPCAKES CON TOQUE DE PISTACHE

3 huevos
180 g (6 1/2 oz) de mantequilla, suavizada
1 taza de azúcar superfina (caster)
1/2 taza de yogurt
2 tazas de harina enriquecida con levadura, cernida
1 cucharadita de extracto de vainilla
1 calabacita (courgette), rallada
jugo de 1/2 limón verde
ralladura de 1 limón verde
1/2 taza de pistaches

**Cubierta**
1 taza de azúcar glas
180 g (6 1/2 oz) de mantequilla, a temperatura ambiente
ralladura de 1 limón verde
1/2 taza de pistaches

1   Precaliente el horno a 160°C (320°F). Forre los moldes de una charola para 12 mantecadas con capacillos de papel. En un tazón mediano bata ligeramente los huevos. Agregue la mantequilla y el azúcar y revuelva hasta obtener una mezcla ligera y esponjosa.

2   Agregue el yogurt, harina y vainilla y mezcle hasta integrar. Bata con ayuda de una batidora eléctrica durante 2 minutos, hasta obtener una mezcla clara y cremosa. Agregue la calabacita (courgette), jugo, ralladura de limón y pistaches y mezcle hasta integrar por completo.

3   Divida la mezcla uniformemente entre los capacillos de papel. Hornee de 18 a 20 minutos hasta que se esponjen y estén firmes al tacto. Deje enfriar durante algunos minutos y pase a una rejilla de alambre. Deje enfriar por completo antes de agregar el betún.

4   Para hacer la cubierta, mezcle la mitad del azúcar glas y de la mantequilla con ayuda de una cuchara de madera y agregue el azúcar glas y la mantequilla restantes y bata con la cuchara hasta obtener una mezcla ligera y esponjosa. Agregue la ralladura de limón y la mitad de los pistaches y mezcle hasta integrar por completo.

5   Aplique el betún a los cupcakes con el revés de una cuchara o una espátula pequeña y decore cada pastel con algunos trozos de los pistaches restantes.

Rinde 12 porciones • Preparación 12 minutos • Cocción 20 minutos

# Pesos y medidas

Aunque las recetas han sido probadas utilizando el sistema australiano estándar de tazas de 250 ml, cucharadas de 20 ml y cucharaditas de 5 ml; también funcionan con las tazas canadienses y de Norteamérica de 80 fl oz o la taza de Inglaterra de 300 ml. Hemos usado tazas con medidas graduadas en vez de medidas en cucharadas para que las proporciones siempre sean las mismas. Cuando hemos dado medidas en cucharadas éstas no son medidas cruciales, por lo que al usar cucharadas pequeñas de Norteamérica o Inglaterra el resultado de las recetas no se verá afectado. Las cucharaditas son iguales en ambos sistemas de medición.

Para los panes, pasteles y pastelillos, lo único que nos puede preocupar es cuando se utilizan huevos ya que las proporciones varían. Si utiliza tazas de 250 ml y 300 ml, use huevos grandes (65 g/2 1/4 oz), añadiendo un poco más de líquido a la receta de la taza de 300 ml si fuera necesario. Use huevos medianos de 55 g (2 oz) con una taza graduada de 8 fl oz. Es recomendable una serie graduada de tazas y cucharas, especialmente para ingredientes secos. Recuerde nivelar los ingredientes para asegurar cantidades exactas.

### Temperaturas del Horno

Las temperaturas en grados Celsius que se han dado en este libro no son exactas: han sido redondeadas y se han dado sólo como guía. Siga la guía de temperatura del fabricante en relación con la descripción del horno dado en la receta. Recuerde que los hornos de gas son más calientes en la parte superior, los hornos eléctricos en la parte inferior y los de convección de aire, por lo general son uniformes. Hemos incluido marcas de gas Regulo (escalas utilizadas en el Reino Unido) por si las llegara a utilizar. Para convertir los °C a °F multiplique °C por 9, divida entre 5 y añada 32.

|  | °C | °F | Marca de Gas |
|---|---|---|---|
| Muy bajo | 120 | 250 | 1 |
| Bajo | 150 | 300 | 2 |
| Moderadamente bajo | 160 | 320 | 3 |
| Moderado | 180 | 360 | 4 |
| Moderadamente caliente | 190–200 | 380–400 | 5–6 |
| Caliente | 210–220 | 410–430 | 6–7 |
| Muy caliente | 230 | 450 | 8 |
| Súper caliente | 250–290 | 475–550 | 9–10 |

### Medidas Inglesas

Las medidas inglesas son similares a las australianas con dos excepciones: la taza inglesa mide 300 ml (10 1/2 fl oz), mientras que la taza americana y australiana miden 250 ml (8 3/4 fl oz). La cucharada inglesa (la cucharada de postre australiana) mide 14.8 ml (1/2 fl oz) contra la cuchara australiana que mide 20 ml (3/4 fl oz).

### Medidas Americanas

La cucharada americana es igual a 14.8 ml (1/2 fl oz), la cucharadita es de 5ml (1/6 fl oz). La medida de la taza es de 250 ml (8 3/4 fl oz).

# Medidas Secas

Todas las medidas están a nivel, por lo que cuando llene una taza o una cucharada, nivélela hacia la orilla con ayuda de un cuchillo. La escala que mostramos a continuación es la "equivalencia del cocinero"; no es una conversión exacta del sistema métrico al sistema imperial. Para que usted pueda calcular la medida exacta en el sistema métrico o en el imperial, multiplique las onzas por 28.349523 para obtener los gramos o divida los gramos entre 28.349523 para obtener las onzas.

| Métrico gramos (g), kilogramos (kg) | Imperial onzas (oz), libras (lb) | Métrico gramos (g), kilogramos (kg) | Imperial onzas (oz), libras (lb) |
|---|---|---|---|
| 15 g | $^1\!/_2$ oz | 225 g | 8 oz/ $^1\!/_2$ lb |
| 20 g | $^2\!/_3$ oz | 315 g | 11 oz |
| 30 g | 1 oz | 340 g | 12 oz/ $^3\!/_4$ lb |
| 55 g | 2 oz | 370 g | 13 oz |
| 85 g | 3 oz | 400 g | 14 oz |
| 115 g | 4 oz/ $^1\!/_4$ lb | 425 g | 15 oz |
| 125 g | 4 $^1\!/_2$ oz | 455 g | 16 oz/ 1 lb |
| 140/145 g | 5 oz | 1000g/ 1 kg | 35.3 oz/ 2 $^1\!/_3$ lb |
| 170 g | 6 oz | 1$^1\!/_2$ kg | 3$^1\!/_3$ lb |
| 200 g | 7 oz | | |

# Medidas Líquidas

| Métricas Mililitros (ml) | Imperiales Onzas fluidas (fl oz) | Tazas y Cucharadas |
|---|---|---|
| 5 ml | $^1\!/_6$ fl oz | 1 cucharadita |
| 20 ml | $^2\!/_3$ fl oz | 1 cucharada |
| 30 ml | 1 fl oz | 1 Cda + 2 cditas |
| 55 ml | 2 fl oz | |
| 63 ml | 2$^1\!/_4$ fl oz | $^1\!/_2$ taza |
| 85 ml | 3 fl oz | |
| 115 ml | 4 fl oz | |
| 125 ml | 4$^1\!/_2$ fl oz | $^1\!/_2$ taza |
| 150 ml | 5$^1\!/_4$ fl oz | |
| 188 ml | 6$^2\!/_3$ fl oz | $^3\!/_4$ taza |
| 225 ml | 8 fl oz | |
| 250 ml | 8 fl oz | 1 taza |
| 300 ml | 10$^1\!/_2$ fl oz | |
| 370 ml | 13 fl oz | |
| 400 ml | 14 fl oz | |
| 438 ml | 15$^1\!/_2$ fl oz | 1$^3\!/_4$ taza |
| 455 ml | 16 fl oz | |
| 500 ml | 17$^1\!/_2$ fl oz | 2 taza |
| 570 ml | 20 fl oz | |
| 1 litro | 35$^1\!/_2$ fl oz | 4 taza |

# ÍNDICE